100 maneras de entender a su PERRO

100 maneras de entender a su PERRO

Roger Tabor

ACANTO

© 2007 Editorial Acanto
Barcelona - Tel. 93 418 90 93
www.editorialacanto.com

Título de la edición original:
100 Ways to understand your dog
© 2006 David & Charles Ltd - Londres

Traducción: Núria Pujol i Valls
Fotocomposición: Nova Era

ISBN-13: 978-84-95376-72-5
ISBN-10: 84-95376-72-5
Impreso en China

Sumario

Gracias a Bella, un Cocker Spaniel de trabajo

El mejor amigo del hombre

Fui un niño tocado por la fortuna de crecer en compañía de perros y gatos. Mi primer recuerdo de un perro está relacionado con el de mis abuelos, *Rex*. Era un perro –chucho aquí, chucho allá–, en otras palabras, era un perro callejero. Un término que se ha utilizado hasta la saciedad, dado que los perros callejeros o mestizos tienen la vitalidad genética propia de la cría por cruce de razas. (Así como en el mundo de los perros los propietarios se interesan y compiten con perros de razas identificables, los gatos que predominan no pertenecen a ninguna raza en concreto, son mininos, sin más.)

Gran danés y chihuahua

Golden retriever

Cuando era apenas un adolescente, mi golden retriever, *Sandy*, y yo, éramos inseparables. En parte, mi interés por el mundo de la naturaleza se lo debo a *Sandy*, porque nos encantaba subirnos a la colina que había detrás de mi casa, en cuyo bosque nos adentrábamos y caminábamos durante horas. Había pequeños lagos en los que *Sandy* se zambullía y nadaba con la proeza natural de su raza. Asistimos juntos a clases de instrucción para perros y me encantaba la buena disposición con que se sentaba a mi lado, en el bordillo, mientras esperábamos para cruzar la calle. Luego, mi hermana pequeña tuvo un collie muy elegante, con esa cara larga y ahusada que le daba una expresión amable y sobresalía, orgullosamente sobre su cuello prominente.

Más tarde, mis padres tuvieron un springer spaniel llamado *Ambrose*, que se alegraba tanto de saludar a la gente que su cola parecía un molinete. Y fue *Ambrose* el que me introdujo en los problemas de conducta caninos porque tiraba de la correa cuando mis padres lo paseaban, la excitación con que saludaba le llevaba a orinarse un poco en el suelo, y era de lo más posesivo con su jergón. Posteriormente, tendría ocasión de descubrir la importancia de su genética y su educación, y de cómo la relación con sus propietarios conformaba su temperamento y su conducta.

Pese a la distinta idiosincrasia de cada uno de los animales, la "manada" humana de mi familia les quiso mucho a todos. Se les reconocía como individuos con caracteres individuales, como si fueran miembros humanos de la familia. Considerábamos –como la mayoría de los propietarios de perros–, que eran miembros de la "familia". La tendencia a sumar a los animales domésticos a los miembros de la familia es natural, dado que los ajustamos dentro de un marco de referencia de los modelos de conducta de nuestra propia especie.

Por las mismas razones, nuestros perros nos perciben como miembros de la manada, y gracias precisamente a ese instinto que los vinculaba a la manada ancestral hemos mantenido una relación aparentemente plausible con ellos a lo largo de la historia: el propietario del perro es el "líder de la manada" y el perro está siempre dispuesto a seguir a su amo. Por el contrario, la otra mascota de compañía Ambrose más habitual, el solitario gato, está más vinculado a su territorio, y es menos dado a seguirnos si nos alejamos de él. Cabe demostrar este comentario a partir del papel central que el perro ha desempeñado en el arte europeo en los últimos mil años, acompañando a su amo durante la cacería, mientras que al independiente gato se ha incluido con mucha menos frecuencia. Existen en la actualidad unas 400 razas de perro en todo el mundo, y una enorme variedad de tamaños y medidas de perro doméstico (a diferencia de lo que ocurre con el gato doméstico). Irónicamente, sin embargo, los perros salvajes (lobos, perros de caza, etc.) son de un tamaño mediano, y estrechos de cuerpo, mientras que los gatos salvajes varían ampliamente del tigre al gato del desierto.

Lobo

Los perros son unos compañeros excelentes, y las investigaciones recientes nos permiten entenderles mejor, a ellos y a su relación con nosotros.

ACERCA DE ESTE LIBRO

Aunque pensemos que lo sabemos todo acerca de los caracteres y las conductas de los perros, son pocos los que comprenden que el comportamiento de los perros en la actualidad está basado en la existencia que llevaron sus antepasados en manada y luchando por la supervivencia; y en la compleja relación que ha mantenido con el hombre, que se remonta a varios miles de años.

La primera parte de este libro "De dónde procede el perro", explora el linaje del perro, se hace eco de los descubrimientos más importantes de los últimos años y relaciona las razas entrenadas, modernas y selectivamente cruzadas con razas más "primitivas" y ancianas que se siguen encontrando en todo el mundo.

La siguiente sección, "Razas", realiza un repaso a la extraordinaria variedad de perros, tanto en virtud de su tamaño y forma como de sus modelos de conducta y temperamento. Se ha utilizado la clasificación del Kennel Club y del American Kennel Club dado que constituye una guía fácil de utilizar.

"Instruir al perro que crece" se centra en la crucial labor de cerciorarse de que su perro sepa que el animal dominante en el entorno doméstico es usted, con lo que estará dispuesto a obedecer sus órdenes por el bien de ambos.

En "Abordar los problemas" se analizan los problemas comunes y los que no lo son tanto; se ofrecen soluciones y consejos, y se examina el papel que pueden desempeñar el conductista canino y los instructores a la hora de ayudarle a usted y a su perro.

La sección final, "Los perros y nosotros", aborda el amplio espectro de las relaciones del hombre con su mejor amigo, y señala alguno de los temas que van a seguir preocupándonos en el próximo milenio.

Las placas de collar, que se muestran aquí, se utilizan a lo largo del libro para identificar las razas mostradas.

De dónde procede el perro

1

Lobo
Canus lupus

Conformación del perro

Los tipos de perro se desarrollaron temporalmente en su historia como especie. Existe una gran variedad de formas, tamaños y clases de pelo, pero el perro esencial se halla en la suma de todos ellos. El perro ha heredado la naturaleza hierática del lobo de manada, además de una capacidad especializada para correr incansablemente durante la cacería.

La persecución de una presa depende de la agudeza de los sentidos, y el perro posee mecanismos para dejar e interpretar rastros olfativos.

Los ojos, orientados hacia delante, tienen la visión binocular de los cazadores, que les proporciona un amplio campo de visión para vigilar al resto de los miembros de la manada, y una vista muy aguda en la oscuridad.

Los perros que tienen las orejas tiesas pueden girarlas para concentrarse en un sonido utilizando 17 músculos, pero dicha habilidad se ve muy reducida en los perros con orejas caídas.

Si el perro tiene seca la parte externa de la nariz, la trufa o rinarium, puede ser una indicación de que el perro no está bien, aunque también puede deberse a que el aire ambiental es caliente o seco.

Los perros tienen el sentido del olfato mucho más desarrollado que nosotros, alrededor de un millón de veces más efectivo, dependiendo de la raza.

El hocico, que incluye la nariz, la barba y bigotes, es la zona más sensible, ya que la pueblan un gran número de terminaciones nerviosas. Cuando el contacto es cercano, los bigotes le dan información al perro.

La bulla timpánica es una cámara de resonancia situada bajo cada una de las orejas y en la base del cráneo que intensifica algunos sonidos muy agudos.

Un perro de tamaño medio tiene una dentellada alrededor de seis veces más poderosa que la de un humano medio; la fuerza de los huesos de su mandíbula es una herencia de su linaje cazador.

Las garras no retractiles lo sujetan cuando corre sin parar.

Las almohadillas que presenta bajo los pies actúan como una esponja amortiguadora y absorben el golpe. La almohadilla es de una piel muy dura, la más resistente de todo el cuerpo, y su superficie rugosa le ayuda a sujetarse. Los perros pueden detectar vibraciones en sus almohadillas.

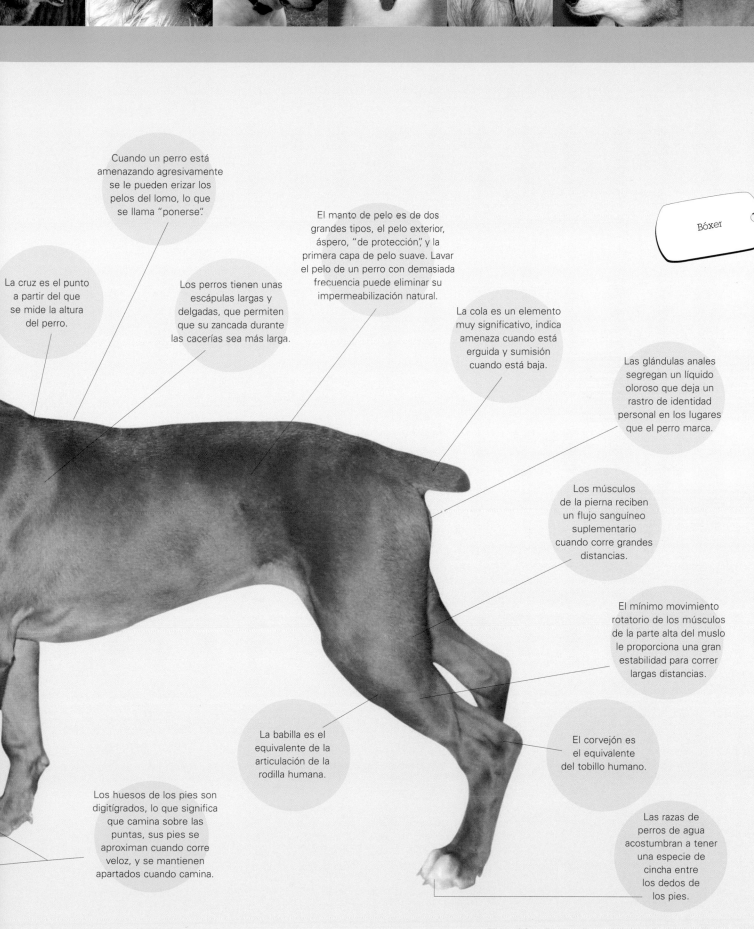

Cuando un perro está
amenazando agresivamente
se le pueden erizar los
pelos del lomo, lo que
se llama "ponerse".

El manto de pelo es de dos
grandes tipos, el pelo exterior,
áspero, "de protección", y la
primera capa de pelo suave. Lavar
el pelo de un perro con demasiada
frecuencia puede eliminar su
impermeabilización natural.

La cruz es el punto
a partir del que
se mide la altura
del perro.

Los perros tienen unas
escápulas largas y
delgadas, que permiten
que su zancada durante
las cacerías sea más larga.

La cola es un elemento
muy significativo, indica
amenaza cuando está
erguida y sumisión
cuando está baja.

Las glándulas anales
segregan un líquido
oloroso que deja un
rastro de identidad
personal en los lugares
que el perro marca.

Los músculos
de la pierna reciben
un flujo sanguíneo
suplementario
cuando corre grandes
distancias.

El mínimo movimiento
rotatorio de los músculos
de la parte alta del muslo
le proporciona una gran
estabilidad para correr
largas distancias.

La babilla es el
equivalente de la
articulación de la
rodilla humana.

El corvejón es
el equivalente
del tobillo humano.

Los huesos de los pies son
digitígrados, lo que significa
que camina sobre las
puntas, sus pies se
aproximan cuando corre
veloz, y se mantienen
apartados cuando camina.

Las razas de
perros de agua
acostumbran a tener
una especie de
cincha entre
los dedos de
los pies.

Bóxer

De dónde procede el perro   11

1 Orígenes en la naturaleza

Los primeros carnívoros aparecieron en el periodo Eoceno, hace unos 50 millones de años, y los llamaron miácidos. Mientras que uno de los grupos que se desarrollaron a partir de los miácidos fueron los gatos y las hienas, otro dio lugar a la familia canina, junto con los osos y las comadrejas.

Además del lobo, los cánidos salvajes incluyen al chacal, el coyote, el perro salvaje asiático, el perro de monte y el licaón, o perro salvaje africano, hasta un total de 36 especies. El perro cazador está casi tan orientado hacia el grupo –y, mantiene una conducta tan jerárquica– como el lobo. Pero no tanto; la naturaleza esencialmente jerárquica del lobo es lo que ha permitido la relación "líder-seguidor" que la humanidad ha mantenido con el perro. Hoy en día, todavía se puede observar esta estrecha relación con los lobos en los asentamientos inuits (esquimales) en Canadá, donde se dan cruces ocasionales entre perros de trineo o los lobos. Incluso se realiza una selección para que las crías no sean muy agresivas o demasiado asustadizas.

La caza cooperativa que practican las manadas de lobos les permite cobrar presas mucho más grandes que ellos mismos; en contraste, el zorro, que caza solo, está limitado a presas pequeñas, y su estilo de vida es más parecido al de los felinos debido a su hábitat boscoso. No es posible determinar una fecha de inicio de las relaciones entre el hombre y el lobo a partir de los restos arqueológicos, sólo una cifra probable de cuándo quedaron establecidas. Uno de los restos razonablemente claros al respecto procede de una cueva paleolítica en Irak, de hace unos 12.000 años, y es una sección de mandíbula y dientes (existen pruebas menos concluyentes que la sitúan hace 14.000 años).

Los primeros restos proceden principalmente de Oriente Medio, y son coherentes con la existencia de asentamientos humanos primitivos. También nos llegan de América, Europa, Rusia y Japón, coincidiendo con los asentamientos de ganado en esos lugares. La distribución original de los lobos cubría todas esas áreas pero, dado el vasto radio geográfico, era inevitable que aparecieran también muchas subespecies.

Los perros salvajes

Probablemente son varias las características del linaje del lobo que les proporcionaron un muestrario genético variado a los primeros perros. Cabe afirmar que no hubo un único inicio: por ejemplo, los lobos de la India y de Asia son más pequeños que los de Europa y América del Norte.

No obstante, se ha señalado otros ancestros, como el chacal dorado y el coyote, para explicar la variedad del desarrollo. Ocasionalmente, éstos han producido fértiles híbridos con el lobo, igual que el perro doméstico, de modo que no se puede determinar que se cruzaron con los primeros perros que aparecieron. No obstante, debido a que la naturaleza del lobo es mucho más social que la de otros cánidos salvajes, se suele considerar que el lobo es el ancestro determinante, y tal vez único, del perro. Existen diferencias en la dentadura de los miembros del grupo, y pruebas recientes de ADN también señalan al lobo como único ancestro.

Perros callejeros de la India

Perros y el hombre

La proximidad del recorrido de los hombres y de las manadas de lobos cazadores debió dar lugar a la coincidencia, y el hecho de que los lobos se alimentaran de la carroña de los restos abandonados de las presas propició el contacto. No obstante, el mayor cambio se debió de dar cuando la gente empezó a coger y a criar a los cachorros.

Parientes salvajes: la manada de los cánidos

2

La familia de los perros suele distinguirse en dos grupos, separados por la disponibilidad de la comida y el hábitat. El primer grupo lo constituyen los cánidos mayores, los verdaderos lobos y los perros salvajes africanos, que viven en manadas, lo que les permite cazar presas grandes. El segundo grupo comprende los cánidos, normalmente más pequeños, que se alimentan de presas menores, y entre los que se incluye el zorro; acostumbran a cazar solos y viven solos o en parejas.

Perros salvajes africanos o licaones, *Lycaon pictus*

El cánido más social es el perro salvaje africano, que vive en manadas de hasta 30 animales que persiguen presas tan grandes como una cebra o un ñu. Toda la manada regurgitará posteriormente para los cachorros de la única pareja alfa que cría (normalmente las manadas de cánidos sociales sólo tienen una pareja de animales dominantes criando). Tienen un "vocabulario" que los mantiene unidos y que consiste en movimientos de la cola, lametones y manifestaciones de esta índole. Juliet Clutton-Brock, del Museo de Historia Natural de Londres, sugiere que la regurgitación de la comida es un factor tan importante en la comunicación entre los perros salvajes africanos que hace que se limite el grado de interactividad con los humanos.

Curiosamente, los cachorros macho tienden a permanecer dentro del grupo original, mientras que las hembras se desplazan un poco más y se acercan a otros grupos. Ocurre lo contrario entre la mayoría de los grupos de carnívoros, incluido el lobo, donde los que emigran suelen ser los machos.

Las otras manadas de cánidos salvajes son los perros salvajes asiáticos de la India y del sudeste asiático. Éstos cazan en manadas de entre 5 y 15 animales, el radio del grupo es de unos 8 kilómetros cuadrados, y pueden dominar a un ciervo sambar o chital gracias a la cooperación del grupo. Viven en áreas de bosques espesos, que cruzan en fila india, aunque las persecuciones y las matanzas se acostumbran a efectuar en espacios abiertos, como las orillas.

Observé a una manada de perros salvajes asiáticos cazando a orillas de un lago en Kerala, donde separaron a un becerro sambar de su grupo y lo obligaron a adentrarse en el agua, mientras la manada esperaba pacientemente sin meterse en el agua. El becerro sambar utilizó una defensa inesperadamente efectiva contra el grupo de cánidos, salpicándoles con la ayuda de sus patas. ¡Los perros salvajes se mantuvieron aparte!

3 Parientes salvajes: zorros, chacales y coyotes

Existen 21 especies de zorros, con formas tan diversas como el zorro fennec, adaptado a la vida del desierto del norte de África o el zorro ártico, denominado a partir de su hábitat. El zorro arquetípico, el más extendido, es el zorro común o zorro rojo (izquierda).

Cazadores solitarios de presas pequeñas, los zorros no necesitan la manada, y la mayoría de ellos viven solos. Sin embargo, tanto el zorro rojo como el zorro ártico viven en parejas de macho y hembra con "ayudantes" que no crían (en el caso del zorro rojo, son sólo hembras). Marcan el territorio con el olor tanto de su orina como de sus heces.

Los zorros árticos han sido llamados "chacales del hielo", y en la mayor parte del ártico sobreviven de la carroña de los osos polares. En las gélidas tierras polares, el zorro blanco estacionario no sólo se protege con una espesa capa de pelo mullido sino que también tiene pelos huecos que contienen espacios de aire vitales para mantenerlo aislado del frío.

El coyote de Norteamérica mantiene una relación flexible entre amplios modelos de utilización y tamaño de las presas. Se le considera tradicionalmente un animal solitario, que se mueve en áreas de presas pequeñas. Sin embargo, el coyote puede formar pequeñas manadas de caza en territorios con abundancia de presas mayores.

Aunque se pueden encontrar chacales solitarios, normalmente van en parejas de macho y hembra, que son más eficaces cazando. En un estudio minucioso realizado en el Serengueti se observó que no sólo algunos chacales jóvenes permanecen todo un año con sus padres, sino que además en la mayoría de las parejas ocurre lo mismo. Permanecen en calidad de "ayudantes" que no crían y, pese a que suele tratarse de un solo animal, cuantos más permanezcan mayor es el índice de supervivencia de los cachorros.

Al lobo etíope se le ha llamado también chacal simio. Este cánido que vive en regiones montañosas no tiene mucho margen para elegir sus presas, por lo que caza solo y regresa a los grupos familiares. También tiene un sistema consistente en una pareja que cría con un par de "ayudantes" que no crían y regurgitan la comida para los cachorros.

Otro miembro de la familia canina que comparte el nombre de "perro" es el lobo guará de las praderas de Sudamérica. Se le describe, por su aspecto, como un "lobo de piernas largas" o "zorro con zancos". A pesar de que se trata de un animal grande y peculiar, está en peligro. Y, como ocurre con alguno de los cánidos menores, nos falta información acerca de su modo de vida para saber cómo salvaguardarlo. No obstante, nos consta que no sólo se alimenta de presas pequeñas, como muchos cánidos consume una cantidad importante de frutas del tiempo.

Juliet Clutton-Brock, del Museo de Historia Natural de Londres, valora la posibilidad de que formaran asociaciones entre los pobladores primitivos y los numerosos cánidos que había hacia finales de la Edad de Hielo. Durante ese periodo no sólo se domaban lobos sino también chacales, perros salvajes asiáticos, distintos tipos de zorros, perros de monte y, posiblemente, también perros salvajes africanos o licaones. Su opinión es que los cánidos más solitarios, los menos basados en la manada, deambulaban en busca de pareja cuando llegaban a la edad adulta.

Chacal de lomo plateado, *Canis mesomelas*

Zorro ártico, *Alopex lagopus*

¿Cazador o carroñero?

El chacal, como el chacal de lomo negro que aparece en la imagen adjunta, está tan asociado a los carroñeros que los egipcios lo convirtieron en Anubis, dios de la muerte. Sin embargo, en el Serengueti la carroña sólo constituye el 6% de su dieta, que se completa con fruta y los roedores que caza.

Basenji: la raza original africana

Se considera que la basenji es la más característica de las razas caninas históricas. Parece probable que este perro, tal como lo conocemos ahora, fuera reconocido de inmediato por los antiguos egipcios, y se han identificado imágenes notablemente parecidas a este perro en relieves murales en los que se ilustra la vida a principios de la V dinastía, hace casi 4.500 años. La única diferencia aparente respecto del moderno basenji es que lo dibujaban con unas patas proporcionalmente más largas (véase página 83).

Los basenjis eran unos de los numerosos perros que vivían en el antiguo Egipto, y las pinturas nos muestran una gran variedad de ellos. En algunos casos, se parecen a los lebreles y a los podencos, y a otros perros. Dado que la palabra que designaba perro en egipcio antiguo era *iwiw* (que significa "ladrido"), es evidente que debían tener otros perros, además de los basenji, pues la característica más famosa de esta raza es que no ladran.

No ladrar es sólo una de las peculiaridades de esta raza tan antigua. (Aunque emiten otros sonidos, como por ejemplo el aullido.) Cuando el basenji está realmente alerta, se le forman unas profundas arrugas en la frente. Hasta sus andares son distintos a los de otros perros, parecidos a un trote que puede mantener durante un tiempo considerable. Mantiene las orejas tiesas de sus ancestros y, como el lobo, la etapa de crianza del basenji es de sólo un año.

Si se les socializa adecuadamente, los basenjis se relacionan bien con las personas, aunque son tímidos con los extraños (véase abajo). No obstante, puede mostrar problemas de dominio con los otros perros.

HISTORIA MODERNA

- Por el lugar que ocupa en las clasificaciones, el basenji probablemente sea un animal antiguo más salvaje que la mayoría de las razas. Tras el declive del imperio egipcio, en el norte de África los utilizaron para todo tipo de caza, pues tiene una vista y un olfato muy efectivos.

- Los exploradores ingleses victorianos quedaron prendados con la originalidad del basenji y mandaron una pareja a Gran Bretaña en 1895, aunque sucumbieron ambos al moquillo. En 1936, Olivia Burn, una criadora de perros inglesa, los introdujo de nuevo en Inglaterra, y consiguió criar basenjis. Cuando los mostró en Crufts, causaron sensación.

Cachorros basenji

John Paul Scout y John Fuller llevaron a cabo una serie de pruebas en los EEUU que han adquirido la categoría de clásicas. En ellas, los cachorros basenji demostraron que pueden llegar a ser mucho más temerosos y recelosos que otras razas investigadas, aunque eso se puede modificar si se los adiestra desde jóvenes. También determinaron que los basenjis son más tolerantes con los otros basenjis que la mayoría de los perros en situación de encierro. Aunque compiten por la comida. Nuevamente en contraste con otras razas comparadas, los basenjis son "notables por su vigorosa resistencia al freno que supone el collar y la correa". Las conclusiones fueron que si la mano del hombre los socializa a edad temprana, los cachorros son domesticables.

Basenji

5 El origen del perro según su ADN

Es comprensible que la información que nos ha dado la arqueología sobre los orígenes del perro sea fragmentaria, puesto que no todos los materiales han sobrevivido. El gráfico adjunto se ha basado en la información sobre el origen de los perros obtenida del estudio de la herencia genética en el ADN de los perros actuales.

El ADN es una molécula con forma de una doble hélice larga que contiene el código que hace al individuo en su secuencia única de componentes nucleótidos (o bases). Sólo existen cuatro tipos bases, pero la información se halla en su secuencia. En los últimos años se ha podido investigar el historial genético de una especie a partir de lo que se conoce como sistemática molecular: la determinación de dicha secuencia de bases para una sección particular del cromosoma elegido.

En 1997, Carles Vilà y sus colegas publicaron sus hallazgos obtenidos a partir de la determinación del ADN mitocondrial de 140 perros (de los cuales 67 eran de raza pura y 5 de raza cruzada) y su comparación con el de lobos de 27 poblaciones distintas, y con el de los coyotes y chacales. Sus datos demostraron que el perro doméstico está más cerca del lobo que del coyote o el chacal, pero no sugerían un único origen. Al parecer, es fruto de la hibridación continua entre lobos y perros mucho después de la primera domesticación.

Pese a que las primeras evidencias arqueológicas de la presencia de un perro doméstico distintivo alrededor de asentamientos humanos es de hace unos 14.000 años, Vilà propone, a partir del análisis de los datos, que el primer indicio de domesticación del perro debió de darse en fecha tan temprana como hace 160.000 o 130.000 años. Dichas estimaciones son de una gran importancia para comprender la relación perro-humano. El análisis reveló también que nuestras razas de perros tradicionales proceden, todas ellas, de cierto número de individuos de distinto origen.

En 2002, Peter Savolainen, que había formado parte del equipo de 1997, dirigió un estudio conjunto que amplió la búsqueda al este de Asia y utilizó muestras de 650 perros. La inmensa mayoría coincidían con los tres grupos de origen, pero la más diversa, y por lo tanto susceptible de ser la más antigua, estaba en el este de Asia. Pese a que las evidencias arqueológicas más antiguas son de Oriente Medio y de Alemania, esta nueva evidencia molecular sugiere claramente que el perro es de origen mucho más oriental. En virtud de los nuevos datos, el equipo de Savolainen determinó la fecha de la primera domesticación hace entre 15.000 y 40.000 años. Esta última fecha es la más coincidente con los restos arqueológicos de que se disponen.

¿Mareado con tantos cambios de fecha? Bien, pese a que estas nuevas técnicas son de una eficacia indudable, se basan tanto en la interpretación como en la arqueología. Depender únicamente de los hallazgos de una excavación ubicaba el origen del perro en Oriente Medio, pero no se había tenido en cuenta que los trabajos arqueológicos realizados en China durante los últimos cincuenta años han brillado por su ausencia. Las nuevas evidencias genéticas de que disponemos anticipan que las investigaciones arqueológicas en el Lejano Oriente pueden ser igual de valiosas.

Lobo gris

Perros y vida salvaje

Aunque normalmente se acepta que los cambios climáticos alteran las condiciones de la vida al aire libre, puede que los perros también hayan participado: por ejemplo, se cree que el caballo nativo americano se extinguió hace unos 12.000 años, y es posible que el hecho de que el perro acompañara y ayudara a cazar a los humanos contribuyera a ello.

RAZAS AGRUPADAS POR SIMILITUDES DEL ADN

(Heidi Parker y otros, 2004)

CLAVE

Amarillo: Lobos y los perros más relacionados con los lobos (conocidos también como razas "antiguas")

Rojo: Grupo de los "cazadores"

Verde: Grupo de los "pastores"

Azul: Grupo de los "guardianes"

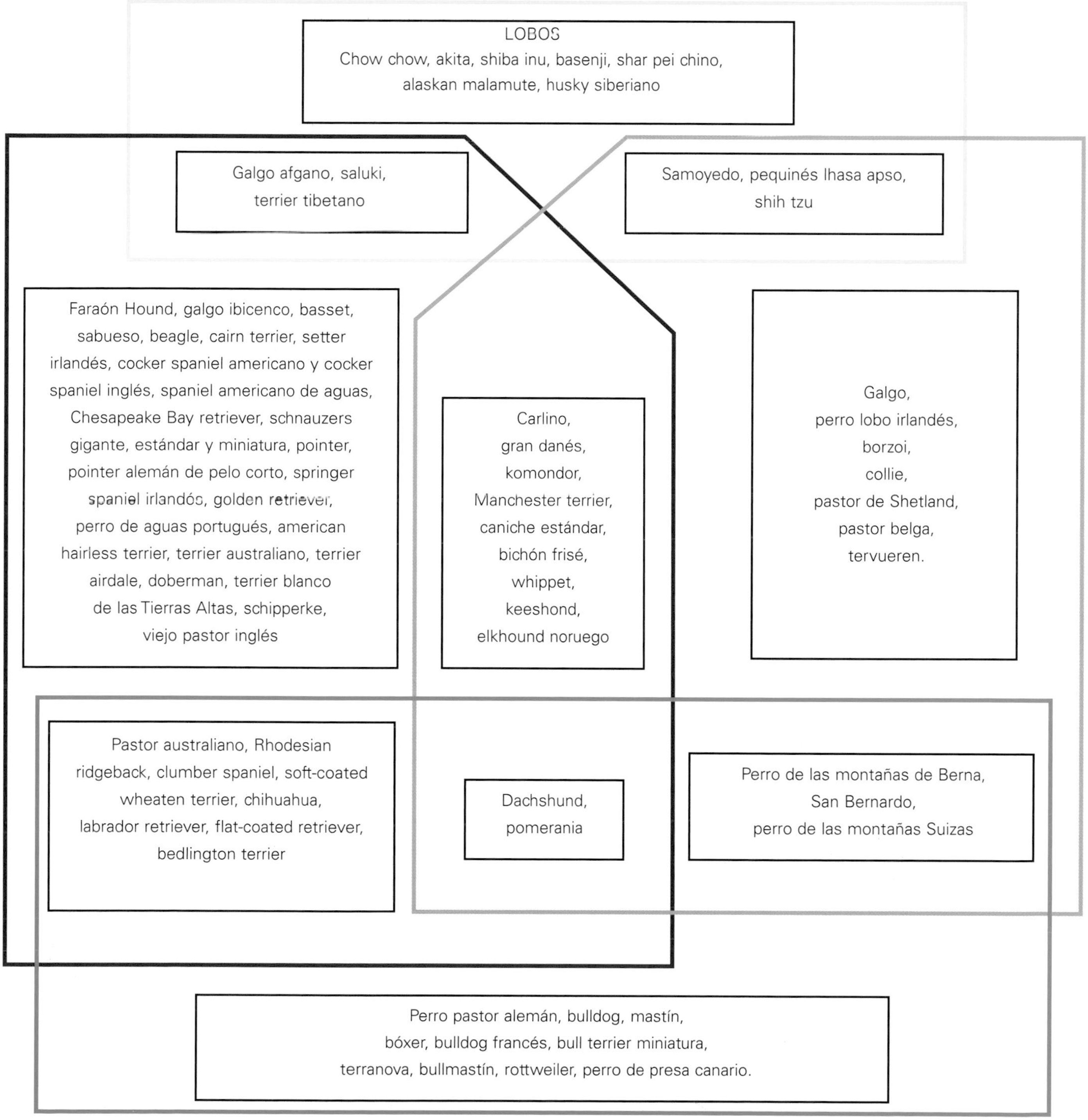
LOBOS
Chow chow, akita, shiba inu, basenji, shar pei chino, alaskan malamute, husky siberiano
Galgo afgano, saluki, terrier tibetano
Samoyedo, pequinés lhasa apso, shih tzu
Faraón Hound, galgo ibicenco, basset, sabueso, beagle, cairn terrier, setter irlandés, cocker spaniel americano y cocker spaniel inglés, spaniel americano de aguas, Chesapeake Bay retriever, schnauzers gigante, estándar y miniatura, pointer, pointer alemán de pelo corto, springer spaniel irlandés, golden retriever, perro de aguas portugués, american hairless terrier, terrier australiano, terrier airdale, doberman, terrier blanco de las Tierras Altas, schipperke, viejo pastor inglés
Carlino, gran danés, komondor, Manchester terrier, caniche estándar, bichón frisé, whippet, keeshond, elkhound noruego
Galgo, perro lobo irlandés, borzoi, collie, pastor de Shetland, pastor belga, tervueren.
Pastor australiano, Rhodesian ridgeback, clumber spaniel, soft-coated wheaten terrier, chihuahua, labrador retriever, flat-coated retriever, bedlington terrier
Dachshund, pomerania
Perro de las montañas de Berna, San Bernardo, perro de las montañas Suizas
Perro pastor alemán, bulldog, mastín, bóxer, bulldog francés, bull terrier miniatura, terranova, bullmastín, rottweiler, perro de presa canario.

6 Perros fenicios: fósiles vivientes

Los fenicios fueron el primer pueblo que exploró el mar por motivos comerciales. Originalmente, vivían alrededor de las antiguas ciudades de Tyra y Sidón en el Próximo Oriente, desde donde mantuvieron relaciones comerciales con el antiguo reino de Egipto alrededor del año 2.500 d.C. Hacia el 1.000 d.C., se habían establecido en la costa de Chipre, y hacia el 750 d.C., fundaron Cartago, en la costa noroeste de África. En la expansión de sus asentamientos por el mediterráneo se llevaron a unos perros con las orejas muy tiesas, que eran muy populares entre los faraones.

Faraón Hound

Lo que también resulta destacable es que en todas las islas donde se establecieron los fenicios se conservan aún hoy en día, como si fueran fósiles vivientes, esos perros característicos que se llevaron con ellos y que demarcan la expansión fenicia. Se ha observado que los perros del mediterráneo y de las Canarias no tienen problemas graves de salud y que viven 12 años o más.

El más conocido es el faraón hound de Malta y Gozo, donde lo han utilizado durante décadas para cazar conejos. En 1988, un visitante procedente de Inglaterra se llevó a algunos de ellos de vuelta a casa, y consideró que necesitaban un nombre más distinguido que "perro conejo": la similitud de estos perros con los que aparecen en las pinturas murales del antiguo Egipto suscitó el nuevo nombre.

En Sicilia, el lebrel siciliano (cirneco dell'Etna) es una versión idéntica, aunque algo más pequeña, del que se utilizaba para cazar conejos. Un perro que tiene un aspecto más robusto, aunque en realidad es igual, es el podenco ibicenco o balear, una reliquia de la ocupación fenicia de las Islas Baleares. Los dio a conocer en la década de los cincuenta un criador de perros español. De ellos también se cuenta que los utilizaban para acorralar y cazar conejos. España tiene un podenco andaluz, eco de su periodo fenicio.

Parece que los europeos no llegaron a las Islas Canarias, hasta el siglo XIV. Sin embargo, la presencia de podencos en las Islas Canarias (*Podenco canaris*) pone en evidencia la llegada mucho anterior de los fenicios de Cartago, en el primer milenio d.C. En la isla más noroeste del archipiélago, Lanzarote, el origen volcánico de la misma está muy presente, y en sus comunidades rurales, que han luchado por sobrevivir en las laderas de arenas volcánicas, el podenco de Lanzarote (arriba) era esencial para proteger las cosechas de las incursiones de los conejos. Los granjeros siguen conservando a estos perros, que tienen la misma elegancia ágil de otros que popularizaron los fenicios, pero mejoraron el sistema utilizando pesticidas, ¡porque los conejos son ahora más escasos!

Los perros distribuidos por los fenicios, los mastines asirios y los galgos, son perros primitivos procedentes de Oriente Medio, distintos de los que aparecieron anteriormente en el Lejano Oriente, según sugieren los hallazgos del ADN.

Nombres de islas

Se ha subrayado la importancia de los perros históricos para las islas en la etimología del nombre de las Islas Canarias, que probablemente deriva del latín *canus*. En la actualidad, la estrecha similitud entre los grupos de perros de estas islas considerablemente distantes entre sí no constituye sólo el mapa de la expansión de un pueblo antiguo, sino que nos permite contemplar, con poco margen de error, cómo eran los perros de los antiguos egipcios y fenicios.

Orígenes orientales 7

La mejor manera de determinar el origen de nuestro perro y sus vínculos familiares es la interpretación conjunta de un análisis de ADN, referencias históricas y arqueológicas y otras fuentes. Los estudios sobre el genoma del perro han avanzado a una rapidez progresiva en los últimos años. ¿Podrán aportarnos información acerca de lo que aún desconocemos sobre los orígenes y las relaciones entre razas?

En 2004, un equipo de investigadores de Seattle, Washington, hizo de dominio público la primera secuencia de alta calidad del genoma del perro. Gracias al apoyo económico del American Kennel Club, examinaron el ADN mitocondrial de 85 razas de perro tomando muestras de células bucales y comprobaron 96 ubicaciones del genoma del perro.

Descubrieron que podían clasificar al perro en cuatro grandes grupos: tres de ellos relativos a la función –guardianes, pastores o cazadores– pero en el cuarto grupo se incluyen los lobos procedentes de China, Oriente Medio, Europa y Norteamérica (véase gráfico, página 17).

Este cuarto grupo de perros contenía, en su núcleo, a los perros de tipo spitz, con cabeza lobuna y una cola con tendencia a enroscarse. Dos de las razas más características, el chow chow chino (arriba) y el shar pei, son además cruciales geográficamente. A pesar de sus dimensiones, el chow es claramente un spitz, y en ocasiones se le ha llamado spitz chino. Ambas razas comparten una característica famosa e insólita: tienen la lengua de un tono azul oscuro.

Las razas orientales pequeñas

En el primer grupo de lobos y perros antiguos (en amarillo en el gráfico de la página 17) se comprenden los perros que, emparentados con los de guarda, ocupan una posición media: los pekineses, y sus parientes los lhasa apso y shih tzu. Los pequineses, los pequeños perros leones, fueron propiedad exclusiva de la realeza y nobleza china durante miles de años. En 1860, con motivo del saqueo de Pekín, los ingleses los trajeron de ultramar.

Pero si este juguete y compañero real es tan histórico y genéticamente cercano al lobo, ¿cómo puede, a la vez, ser uno de los perros que más ha cambiado? En realidad, bastaron dos circunstancias. Los índices de desarrollo de las distintas partes del cráneo de un cachorro tienen que darse en fases distintas para que se consiga esa cara tan chata. La mayoría de los cachorros nacen con cabezas de formas similares, pero al cabo de cinco meses, el proceso de formación ha culminado y aparece el rostro adulto de un pequinés. Los cachorros de la mayor parte de las razas no son muy distintos al nacer, pero el crecimiento de las razas más grandes se da en tres meses. En realidad, cuanto más lenta sea la formación de un perro, de menor tamaño será éste. La selec-

ción de la novedad de rasgos insólitos que se han dado de modo normal (pero muy raramente) mantiene viva la hipótesis de una raza potencial, aunque es muy improbable que la selección natural haya contribuido a ella.

Los grupos no constituyen mapas temporales, sino más bien mapas de similitud de las secuencias del ADN. Éstas no cambian sólo con el paso del tiempo: la hibridación con los lobos o las fieras de linajes antiguos y con los perros callejeros sesgará las siluetas, y hará que algunas razas parezcan más viejas. No obstante, los cruces posteriores entre distintos grupos de perros cambiarán sus características, como ha ocurrido siempre y especialmente con las razas existentes a lo largo de los siglos XIX y XX.

Pekinés

8 La manada de lobos

El lobo gris es el dominante en todo el hemisferio norte. A pesar de que los hemos asociado al extremo norte de Norteamérica, también se halla en Asia y algunas zonas de Europa. Comprende hasta 32 subespecies.

Pese a que los lobos tienen una dieta muy ecléctica, la presa típica de los lobos de Norteamérica es el caribú o el alce. Dado que estas bestias suelen ser bastante más grandes que un lobo, se precisa de una manada para capturarlos. Asimismo, tanto la formación de las manadas como el método de reducir a una presa son posibles gracias a unos hábitats abiertos o relativamente abiertos.

Uno de los modos en que la manada afirma el dominio de una zona es aullando, un sonido escalofriante e inequívoco que se escucha a una distancia de entre 13 y 15 km. Teniendo en cuenta que el territorio de dominio de una manada puede ser el doble de extenso, es razonable que las manadas contiguas tengan que estar cerca de los límites para oírles.

Los lobos no aúllan constantemente; más bien todo lo contrario, aullar es una actividad muy controlada. El aullido de la manada puede hacerse oír sólo un par de veces durante el día. Que un grupo vecino aúlle no significa que la manada responda, pues esto revelaría su ubicación. No obstante, si la manada se ha cobrado recientemente una buena pieza, es más probable que sus miembros se sientan más asertivos y respondan aullando a su vez, para afirmar irrevocablemente su propiedad. Aullar supone un riesgo potencial y lo habitual es que cuanto más numerosa sea una manada, mayor sea la seguridad con que aúlle. El tamaño de la manada depende a su vez de la abundancia de la talla de las presas.

La manada demarca su territorio con la densidad de las marcas de orina que los machos dominantes emiten cada pocos minutos. En los confines de las zonas de dominio, el olor de las marcas de los lobos del grupo adyacente provoca una reacción hormonal y el imperativo de reafirmarse.

El éxito de la manada de lobos depende de que su actividad se centre alrededor de la pareja de macho y hembra alfa, que normalmente son los únicos que crían. La temporada de cría va de enero a abril, y la hembra dominante suele dar a luz a entre 4 y 7 cachorros, que permanecen ocultos en el suelo durante el mes en que son amamantados. Cuando pueden alimentarse con comida regurgitada, salen del agujero y reciben el alimento de sus padres y de los demás lobos, "ayudantes", que les proporcionan comida hasta los cuatro o cinco meses, cuando han crecido lo suficiente para viajar con la manada.

La disponibilidad genética de las parejas no alfa de la manada para aceptar el papel de colaboradores leales, en bien del conjunto, es lo que permite que el perro se adapte tan bien a nuestras vidas. Sin embargo, cuando un animal no alfa reconoce que su estatus en la manada se eleva —normalmente debido a que el animal alfa está herido, anciano, débil o ha muerto— se prepara para transformarse y adquirir un rol muy distinto. Ésta es la sencilla explicación de por qué en algunos hogares la relación perro-humano dista mucho de ser ideal, y por qué se les practica la eutanasia a tantos perros. Cuando abdicamos del rol alfa, el perro se dispone a ocuparlo.

Conducta de manada  9

La dinámica de la pequeña manada que constituimos y nuestras relativas posiciones en ella es crucial para la relación con nuestro perro. Es importante comprender de dónde procede si pretendemos conocerla bien y entender a ese "lobo que camina junto a nosotros".

El apego del lobo ancestral y del perro moderno al grupo o manada es mayor que su fijación al territorio. Consecuentemente, uno de los requisitos esenciales de la vida en manada de un grupo carnívoro no es sólo una actitud de dominio, sino también la actitud sumisa. En esta última es donde la conducta del perro difiere en mayor medida del solitario gato cazador, cuya actitud sumisa es rara o nula.

Las manadas de lobos deambulan por un área de unos 250-800 km², dependiendo del terreno y del número de miembros. Suelen constituir un grupo familiar, y raramente superan los 10-12 animales (aunque pueden ser de 2 a 22). El campo de acción es más restringido en verano, pues permanecen cerca de las guaridas hasta que las crías son lo bastante adultas como para avanzar con la manada.

No sólo hay que remitirse a una genealogía del lobo para contemplar una conducta en manada, en todos los países se han agrupado manadas de galgos para utilizarlos en las cacerías. Cuando no salen a cazar llevan una vida comunal en las perreras. Generalmente, presentan una actitud menos competitiva que las razas que no se han agrupado.

En febrero de 2005 Gran Bretaña prohibió la utilización de perros en las cacerías, y terminó oficialmente con una actividad que se practicó en el país durante siglos. A pesar de que las actividades declaradas ilegales incluían también tipos de caza más solitarios, como la de la liebre, la imagen más reconocible es la de la caza del zorro.

La caza en la que se utilizaban perros raposero se inició en Inglaterra en el siglo XIII, pero el desarrollo del perro jateo moderno tuvo lugar en Francia a mediados del siglo XVIII. (El raposero americano fue una creación de George Washington, que cruzó sabuesos franceses con ingleses, cuyo resultado fue un animal de orejas más caídas.)

Aunque los sabuesos son de naturaleza bondadosa, dinámicos y cordiales con la gente, la intensa naturaleza social que les relaciona entre ellos les ha caracterizado típicamente como animales de manada. Tienen un instinto sorprendente para las persecuciones en manada, y eso les hace idóneos para la caza. Pueden ser tercos, voluntariosos y muy destructivos, y necesitan mano firme.

Sabuesos

Manadas de sabuesos

Antes de que se iniciara la batida, los sabuesos estaban tranquilos y pacíficos, pero se ponían de pie de un brinco y empezaban a ladrar en cuanto el cazador tocaba el cuerno. Perseguían en silencio los rastros olfativos por el terreno hasta que uno de ellos daba con el olor de un zorro, olisqueaba excitado emitiendo un ladrido corto y luego aullaba abierta y excitadamente. Eso atraía a la manada hacia el sabueso en cuestión, con quien se reunía todo el resto. Cuando descubrían a la presa, incrementaban el ritmo de la búsqueda. Los perros cazadores no actúan en tanto que individuo sino como manada, y siguen las instrucciones del cazador.

Perros salvajes

Existen perros salvajes en todas partes del mundo. Es decir, existen perros que fueron domesticados y que se han asilvestrado. En cualquier zona, sea urbana o rural, hay perros que, pese a pertenecer a un dueño, andan sueltos: los "callejeros", que deambulan desde hace cierto tiempo y los perros "completamente" asilvestrados, que llevan mucho tiempo viviendo en la naturaleza o que incluso han nacido en estado salvaje.

Perro salvaje egipcio

En los últimos años la prensa ha considerado que la cuestión de los perros salvajes es una prioridad. Por ejemplo, en 2003, en Estados Unidos, la revista *National Geographic* publicó el siguiente titular: "EEUU se enfrenta a la crisis de los perros salvajes". El artículo se basaba en estadísticas que atribuían a los perros salvajes la muerte de ganado por valor de 37.000.000 de dólares. Sin embargo, ¿hay que culpar al perro salvaje o debemos de atribuir la situación a problemas de identidad? Se considera que vagan por Italia 800.000 perros, de los que se cree que sólo 80.000 son identificables como "completamente" salvajes, al margen de la ayuda humana. La mayoría de ellos son una combinación de perro callejero y los perros a los que sus dueños dejan sueltos de vez en cuando.

Manadas de perros salvajes

En Abruzzo, una región de los Apeninos italianos, el profesor Luigi Boitani y su equipo monitorizaron a una manada de perros salvajes, consistente en 9 adultos. De 1984 a 1987 observaron que el grupo utilizaba un campo de dominio de 58 kilómetros cuadrados. Uno de los suministros de comida más importante para los perros eran los vertederos municipales (había tres municipios en la zona).

Normalmente, los grupos salvajes están integrados por perros callejeros que no suelen relacionarse mucho, de modo que carecen de la estabilidad de otras manadas caninas. El índice de reproducción y supervivencia de las crías en estos grupos es muy bajo, por lo que el tamaño del grupo se mantiene básicamente gracias a que se les suman perros descarriados durante la época de crianza. Durante el periodo de estudio de Boitani, nacieron 40 crías en la manada salvaje, de las que sólo dos sobrevivieron hasta la edad adulta. Un 90% murieron durante los primeros 120 días, sobre todo cuando abandonaron las guaridas al cabo de dos o tres meses. Los investigadores concluyeron que la manada sobrevivía gracias a la integración de perros vagabundos, pues el índice de supervivencia de los cachorros era muy bajo. No obstante, en otras zonas la supervivencia de las crías era más elevada.

En un estudio derivado, David McDonald y su equipo determinaron que los perros que deambulaban por las ciudades italianas se agrupaban en un número de dos a cinco, mientras que los perros salvajes de monte solían ser hasta 10. Los perros callejeros también acostumbran a escarbar en los desechos de los vertederos.

Se ha observado que los grupos de perros salvajes de Estados Unidos, Japón e Italia realizan sus actividades durante el alba y el anochecer.

En Italia, igual que en Estados Unidos, la prensa se ha hecho eco de una alarma considerable en torno a las matanzas de ganado atribuibles a los perros y otros animales salvajes. Sin embargo, los hallazgos de los investigadores presentan un panorama distinto: la supervivencia de los perros se debe a su actividad como carroñeros, no como cazadores. Se ha descubierto que los causantes de las matanzas de ganado italiano son más los animales domésticos, los perros de propiedad o descarriados que los lobos o los perros salvajes. Los perros salvajes de las zonas rurales han formado manadas similares a las de los lobos, pero su principal cooperación no consiste en la caza sino en escarbar en los vertederos. La manada es especialmente valiosa cuando se trata de luchar contra otro perro.

Los perros de las zonas rurales, los "auténticamente" salvajes, que en buena medida existen gracias a la integración a la manada de los perros descarriados de las ciudades, pueden no ser tan peligrosos para el ganado y la fauna silvestre como parecen. Comparativamente, la dimensión del problema urbano con los perros descarriados es debida, en el fondo, a una actitud irresponsable que ha hecho que el perro sea un animal que vive encerrado en casa. Los intentos de erradicación de los perros salvajes de las zonas rurales no han tenido éxito, pero podría resultar eficaz controlar el área de vagabundeo de los perros callejeros, que incluye el control del vallado y de los vertidos.

Se ha acusado a los perros silvestres australianos de provocar el 30% de las pérdidas en cabezas de ganado en algunas zonas, y se les ha atribuido una cifra estimada en 66.000.000 dólares en pérdidas agrícolas anuales en Australia. El control consiste en una combinación de trampas, disparos, venenos y la "Valla para Perros", que se extiende a lo largo de 5.600 km, de Queensland, al sudeste, hasta el sudoeste de Australia. Se están desarrollando nuevas sustancias tóxicas para controlar a los perros salvajes en las zonas de producción ovina. La situación australiana se ha complicado y ha alcanzado incluso una dimensión emotiva, puesto que el término "salvaje" se aplica ahora por igual a los perros domésticos y a los dingos que a los híbridos de ambos.

Aunque los controles de antaño se centraban básicamente en la erradicación, los proyectos actuales reconocen lo ambiguo de la propiedad territorial. En las islas Galápagos, el proyecto Animal Balance esterilizó unos 2.000 perros entre el 2000 y el 2004 en el marco de un programa para las comunidades de las islas. En las islas Turk and Caicos el proyecto Perros Salvajes regaló la propiedad y el collar de un perro a los escolares como alternativa a la captura masiva en jaulas grandes. Esterilizar a los perros adoptados era gratuito para el propietario y se les practicó la eutanasia a los perros salvajes y a los descarriados. De los 370 perros que se capturaron, 70 fueron adoptados. La Fundación Internacional para el Bienestar Animal (IFAW) tiene programas para esterilizar a los perros salvajes y descarriados en Rusia, Turquía, Bali y otros lugares.

Perros salvajes nepaleses

Perros "de casa"

Perros que van sueltos, ya sean salvajes o "de casa", los hay en todo el mundo. Alan Beck llevó a cabo una investigación pionera sobre los perros "de casa" en Baltimore, EEUU, a lo largo de la década de los setenta. Mediante la utilización de la fotografía y el control de los propietarios de perros, descubrió que casi al 40% les dejaban sueltos en la calle. Pese a que la oportunidad de formar manadas es escasa en un entorno urbano, se encontró con algunas que llegaban hasta los 17 miembros. La mitad de los perros deambulaban solos, una cuarta parte en pareja, el 17% a tres, y el 7% en grupos de cuatro o siete. Esas manadas urbanas son potencialmente peligrosas, pero suelen ser temporales; en las zonas rurales se han encontrado manadas más estables de cinco o seis perros.

10 Perros callejeros

¿Cómo se domesticó al perro? ¿Fueron los que seleccionaron en primer lugar a los lobeznos más mansos de la camada coincidiendo con las primeras partidas de caza de los humanos? Los lobos debían alimentarse de la carroña de las presas, y debía de operar algún sistema de selección natural por el que a los que temían menos a los humanos les resultaba más fácil acercarse a la comida.

Perros callejeros, perros salvajes del sur del Nepal y de India y buitres alimentándose de carroña.

Nunca he creído que érase un hombre, en la antigüedad, que empezó a domesticar a otra especie. En mi libro *The Wild Life of the Domestic Cat* sugerí que la vida doméstica de los gatos apareció con la explotación de las basuras en las primeras ciudades, que crecieron gracias a los excedentes agrícolas: "Como ocurre casi siempre, la mano del hombre sólo fue, en parte, responsable, y si nos miráramos desde afuera, como hacemos con las demás especies, no pensaríamos en términos de ´domesticación´ porque veríamos una relación provechosa para ambas partes, una dependencia simbiótica."

Raymond Coppinger, el biólogo canino americano, supone que, efectivamente, fue el mismo mecanismo que permitió la transición del lobo al perro doméstico cuando la aparición de las ciudades en tiempos mesolíticos. También defiende que el perro actual que vagabundea y escarba en los vertederos municipales comparte muchas similitudes con él: pesa unos 13'5 kg, mide entre 43 y 46 cm, tiene el pelo corto y liso, y las orejas tiesas y puntiagudas. Son perros que viven alrededor de las personas, no en sus casas. Afirmé en su día: "El mejor gato es el minino, el gato de tejado, el de granja; el gato puro y simple." Coppinger es de la misma opinión respecto al perro callejero, el histórico perro cruzado.

Queda una pregunta: ¿aparecieron las ciudades lo bastante pronto como para ser la clave de la domesticación? La revolución agrícola se fecha hace 10.000 años, cuando surgieron las ciudades con producción de desechos. Se considera que el perro aparece hace 14.000 años. El hombre creó asentamientos anteriores, pero como cazadores, por lo que tenían una naturaleza bastante más transitoria. Las llanuras donde cazar con maleza baja y frondosa se hacían con la ayuda del fuego o de la acción de los rumiantes (las primeras ovejas domesticadas son de hace 11.000 años), y permitían que el terreno de caza fuera más amplio. Ésta pudo haber sido una fase en la que aumentó el vínculo entre el lobo y el hombre, dado que junto a los asentamientos humanos se abandonaban los esqueletos de los rumiantes en los que podían escarbar. La selección que eliminó a los perros más cautelosos debió tener lugar alrededor de esos "despojos" primeros. He controlado y fotografiado a perros salvajes y callejeros en distintas partes del globo, y en cada uno de ellos se puede observar algún elemento que recrea el origen del perro doméstico.

¿Razas cruzadas o perros antiguos?

¿Son los chuchos de ciudad de raza cruzada, como parece opinar la mayoría, como si fueran nuevas adaptaciones de razas modernas, o tiene razón Coppinger al decir que se les debería reconocer un linaje muy antiguo, mucho anterior a la cría selectiva moderna, que en realidad sólo data del siglo XVIII? Ciertamente, las razas de hoy en día están mejorando su genética gracias a los cruces. No hay que ir tan allá: en todas partes del mundo ocurren encuentros entre antiguos perros callejeros y ejemplares de razas seleccionadas que dan lugar a nuevas mezclas.

Comunicación

Los perros heredaron la capacidad comunicativa de los lobos, pero la convivencia con nosotros la ha ido modificando, especialmente en las razas que han sufrido cambios corporales significativos respecto de sus ancestros. Las posturas básicas, la cola y la posición, y el movimiento de las orejas son innatas a la forma del cuerpo y a la conducta potencial, y están mediadas por el desarrollo y el juego social en la camada.

Labrador negro x springer spaniel y Aberdeenshire terrier

Es fácil advertir signos distintivos en el lenguaje corporal, tales como el ladrido y el movimiento de la cola, que son de una importancia obvia, pero existen otras actividades y posiciones que son igual de relevantes para la comunicación.

Al igual que los lobos, los perros pasan mucho tiempo descansando, aunque los que no viven con personas suelen descansar menos, ya que tienen que cazar o buscar comida, y sus movimientos no están confinados entre cuatro paredes. Empiece pues a interpretar los estados de ánimo de su perro mientras está en reposo.

Los perros que se tumban sobre sus caderas con las patas delanteras estiradas en paralelo, aunque estén medio recostados, son muy distintos a los que están tumbados de costado dormitando. El primer animal permanece en alerta para intervenir al primer estímulo, y el otro está más ausente, como queda demostrado si intentas estimularle, por ejemplo pasando junto a él. El primero se moverá o responderá al acto, mientras que el que dormita requerirá más rato.

Saludar

Al contacto inicial, un perro desconocido se erguirá, defensivo, con el hocico inquieto, y olerá. Las perras se centran en la cabeza, pero los machos llegan a oler el trasero del otro perro.

ORÍGENES SALVAJES

Los cánidos salvajes se mantienen juntos en la manada gracias a un vínculo consistente en mover la cola, gañendo, y lamerse los unos a los otros, igual que los jóvenes a sus padres o al "ayudante" cuando regresan con comida. Dicha conducta es especialmente observable entre los perros salvajes americanos, que tienen un elaborado ritual de saludo alrededor del mediodía. En su contexto original, es el momento en que el proveedor de comida regurgita para los cachorros.

Aunque el macho dominante lucha con los que desafían su posición, y las hembras combaten (a menudo más agresivamente que los machos) por obtener la posición de única hembra dominante que cría, una vez que los rangos han quedado relativamente establecidos, se reconocen pacíficamente al menor contacto. El macho dominante mantiene las orejas tiesas, mientras que los animales más sumisos muestran su rango inferior echándolas para atrás y conservando la cola a menor altura que el macho dominante. El lobo de menor rango sólo se aproximará lateralmente al hocico del lobo dominante.

Si el lobo dominante sujeta entre los dientes a uno de rango menor como si se lo metiera en la boca, este último mostrará aceptación y sumisión no debatiéndose y profiriendo un "rictus" sumiso. También puede ir mordisqueándole con dentelladas amistosas, como hacen los cachorros cuando piden comida regurgitada.

El lenguaje de los perros

El perro tiene todo un lenguaje corporal que comprende la postura, las señales de la cola y expresiones faciales claras. Sin embargo, el amplio abanico de cambios que hemos provocado con la cría y la selección ha dificultado que los perros expresen sus intenciones tan claramente como sus ancestros. Las orejas caídas y el pelo largo ocultan su expresividad cuando se enoja, impiden el contacto visual y, como consecuencia, el olor y el sonido han cobrado mayor importancia.

Cuando los perros (o los lobos, abajo) se encuentran y se saludan, olerse el trasero es una parte importante de la comunicación, y una fuente de información sobre el estatus sexual y la identidad del otro. Por eso los perros suelen oler la zona genital de las visitas humanas.

Vivir con nosotros supone para el perro ocupar un papel secundario respecto a la posición de líder de la manada, y a veces incluso adopta las posturas de un cachorro. Dicha conducta de cachorro es más exagerada en su relación con nosotros (conocida como actitud neoténica), los perros adultos invitan a jugar a sus dueños con las patas traseras tiesas pero las delanteras y la cabeza inclinadas, moviendo la cola y profiriendo un pequeño ladrido lisonjero.

Border collie y lobos grises

LENGUAJE SONORO

Los perros tienen un amplio vocabulario vocal de gruñidos y ronquidos, gemidos y aullidos además de su ladrido característico. Ladrar no es sólo un sonido de alerta y amenaza; suena muy distinto cuando saludan, juegan o reclaman atención.

- Ladrar resulta una forma de contrarrestar la amenaza que supone que un intruso se aproxime. El ladrido regular y repetido seguirá mientras el perro perciba un riesgo potencial, aunque a menudo acompañado de breves pausas de reevaluación. Si el intruso sigue aproximándose, la naturaleza del ladrido cambia, y se hace más agresiva y más maníaca, combinada con gruñidos y movimientos de ataque.

- El ladrido de alerta puede ser percibido por perros que están en las casas de los alrededores e induce a un estado de alerta y de latencia así como al deseo de reunirse, como puede advertirse en los grupos de perros de caza o los que conviven en perreras.

- Los gruñidos transmiten una información muy importante: los gruñidos profundos son una amenaza clara, pero gruñir a una frecuencia más elevada demuestra que el perro se siente inseguro. Si se convierte en un gemido, es probable que esté realizando un intento de sumisión, justo al contrario que el gruñido dominante y amenazador. Por lo tanto, cuando necesitemos controlar firmemente a nuestro perro, debemos utilizar un tono de voz bajo para afirmarle nuestra autoridad. El gimoteo también se da en la sumisión, así como cuando al perro le duele algo.

- Comprensiblemente, los sonidos producidos por un perro grande son claramente distintos a los que profiere un perro pequeño, cuyo ladrido se suele denominar agudo. Los otros perros perciben esta diferencia cuando escuchan el ladrido amenazador.

- Los lobos aúllan para mantenerse en contacto y, cuando lo hacen los perros, suele ser porque están solos y necesitan el contacto, ya sea de otro perro o de un humano. Se dice desde hace siglos que cuando los perros aúllan así le están "aullando a la luna".

Lectura del lenguaje corporal

Una relación que funcione adecuadamente con un perro depende de que nos reconozca como dominantes sobre él, y por lo tanto comprenda que se halla en la obligación de cooperar sumisamente. Factores como nuestro tamaño son decisivos para que el perro cumpla pacíficamente con su rol y gane confianza a partir de dicha seguridad. Sin embargo, también depende de que lea claramente las señales que le emitimos.

En general, los movimientos suaves, fluidos, muestran que un perro está en calma y relajado, mientras que los movimientos rígidos y bruscos son propios de un perro incómodo o agresivo. Si tu perro se siente mal o está deprimido, puede estar menos animado, no levantará tanto la cabeza y mostrará desinterés por la comida.

Dado que la vida del lobo ha dependido de la manada, la mentalidad gregaria o de manada es innata en el perro. La agresión irreprimida sólo puede darse si la supervivencia del perro no depende del éxito de la manada. En su seno, debe mantener la templanza y lograr un buen equilibrio de su conducta sumisa.

Un perro sumiso puede acercarse a un animal más dominante con el cuerpo y la cabeza bajos, balanceando los hombros y con la cola baja y moviéndose vigorosamente, y lamer o acariciar con la nariz el rostro del animal dominante. Es una reminiscencia del modo en que los cachorros se acercan a sus madres. Algunos perros saludan así a sus dueños.

Cuando un perro baja el hocico está mostrando una actitud sumisa, menos agresiva: la extrema consiste en tumbarse en el suelo y darse la vuelta para dejar el vientre al descubierto de un potencial ataque; a veces se orinan. En general, cuando dos perros se encuentran, el más agresivo intentará parecer más alto y más grande, y se le erizará el pelo del cuello, mientras que el perro que se agacha y se lame los labios está siendo sumiso.

LA COLA

- Para los propietarios, que un perro mueva la cola debe ser sinónimo de su felicidad. Si llegas a casa y le ves la "bandera izada" es que está contento de verte.

- Si el perro mantiene la cola en una neutra posición media cuando la mueve de un modo relajado, significa que quiere interacción amistosa. Sin embargo, no sólo la agita por placer. Primordialmente es porque está excitado, y un movimiento rápido y enérgico de la cola alzada suele ser agresivo.

- De nuevo, el movimiento puede ser más lento y más definido, lo que también expresará una voluntad agresiva. Si el movimiento de la cola se combina con que se le eriza el pelo del cuello o se produce una piloerección, entonces ten cuidado.

- Cuando la cola se agita a muy poca altura, muestra una posición sumisa o temerosa, y puede combinarse con otras muestras de sumisión.

Terrier Jack Russell y springer spaniel

Leer los signos

Comprender las señales ayuda al propietario a interpretar los estados de ánimo y las reacciones de su perro. Estos dos cachorros "adolescentes" (derecha) acaban de ser presentados, el spaniel se mantiene erguido, inclinado hacia delante, con la cola levantada y una mirada fija que intimida al joven terrier, quien muestra su inquietud en las orejas echadas hacia atrás, los ojos muy abiertos y la tendencia a retirarse. Sólo se estaban reconociendo; no hubo pelea.

Lectura de las expresiones faciales

Los dueños que mantienen una relación buena y duradera con sus perros suelen decir que se fían mucho de la mirada de los mismos. Sin embargo, si estás con un perro dominante con el que todavía no has entablado una buena relación, sé cauteloso con la intensidad de tu mirada, pues puede provocar una respuesta agresiva en el animal.

El perro dominante mirará fijamente a un perro más sumiso, que apartará la mirada. Los perros ovejeros adoptan una mirada similar –como la que los lobos y los perros de caza le dirigen a la presa– que la oveja rehúye. Cuando tienen miedo, los perros miran con los ojos abiertos, las pupilas notablemente dilatadas y el blanco de los ojos más vivo.

El perro dominante que le está afirmando su posición a otro avanzará la cabeza, mientras que el que esté intimidado la retirará. El dominante enseña los dientes, retira los labios y expone no sólo los colmillos sino todos los incisivos frontales.

Con todo, la claridad con que se señalan las posiciones suele evitar peleas, ya que el perro menos dominante disuelve la amenaza retirándose. También existen las competiciones de "pataleos y bufidos" entre los perros de una misma casa. Cuando el macho dominante y posesivo se lo haga a su propietario cerca de una silla o del plato donde come el perro, la conducta puede ser intimidante. Sin embargo, no todas las expresiones faciales del perro son de agresión o sumisión, cuando está relajado, sus músculos también lo están.

La posición de las orejas del perro también es relevante acerca de las intenciones de éste; por ello resulta tan difícil interpretarlas en perros con las orejas caídas, como los basset hounds o los spaniels. Cuando un perro te está prestando atención, sus orejas están erguidas (o tan erguidas como le permitan las características de su raza) y cuando dos perros se están desafiando, el que domine tendrá las orejas apuntando hacia delante mientras que el sumiso las tendrá hacia atrás y caídas. Cuando se les riñe, también muestran mansedumbre bajando las orejas.

Para los antepasados salvajes de los perros, las señales claras e inequívocas eran cruciales para su supervivencia, durante la caza o cuando se establecían los rangos. No obstante, mientras que a los demás perros les resulta fácil leer las intenciones de un buhund noruego (arriba), las potentes mandíbulas y las bolsas de piel que rodean los ojos de un basset (arriba a la derecha) pueden dificultarlo bastante.

Basset Hound

LA SEGURIDAD ES LO PRIMERO

Las nuevas investigaciones muestran que los niños menores de cuatro años no son tan buenos interpretando la conducta de los perros como los mayores, ya que se centran en el rostro del animal y no en su actitud general. Pueden llamarse a engaño y creer que lo que le pasa a un perro que tiene miedo es que está contento, con lo que corren el peligro de que les muerdan.

¿Cómo es una cara "segura"?
- *Neutra:* cara relajada.
- *Saludo familiar humano:* orejas relajadas, boca abierta relajadamente y "sonrisa de saludar" (sumisión amistosa = nuestra sonrisa).

¿Cómo es una cara con riesgo?
- *Amenaza latente:* orejas erguidas, mirada fija, hocico fruncido, dentadura expuesta, cola y pelo del cuello tieso ("No avances, que te ataco")
- *Sumisa:* orejas hacia atrás, ojos esquivos, lamerse los labios, cabeza gacha (cuerpo y cola ligeramente agachados)
- *Sumisión ambigua:* como en la sumisa pero con la cabeza más alta, la mirada fija y tenso "rictus" con los dientes al descubierto (pueden morder por miedo)

Demarcar con el olor

La demarcación de los territorios mediante el olor corporal le es muy útil al perro para obtener información acerca de los otros miembros de su raza que andan por los alrededores. Los perros levantan o encogen la pata para orinar contra un árbol, y también intentan "borrar" el mensaje olfativo de otros perros defecando encima o al lado. En consonancia, cuando un perro inspecciona a otro, le huele la zona urogenital para determinar la identidad y el estatus sexual del otro animal.

Demarcar con la orina es una prerrogativa básicamente masculina, y la mayor parte de las veces en que los propietarios tienen problemas al respecto, es debido a que los machos dominantes presentan un elevado nivel de testosterona. Sin embargo, tenemos que reconocer que el perro tiene una necesidad imperiosa de marcar su zona territorial. (Las hembras pueden orinar ocasionalmente como un macho, pero no acostumbran a hacerlo contra las farolas u otros objetos fijos.)

Nuestra concepción del territorio, la definición normal del mismo que aplicamos a animales territoriales tales como los gatos, es el área que defienden. Comparativamente, el radio doméstico es el área en que el animal vive. No obstante, la relativa movilidad de la manada ancestral vincula más al perro a la protección de la manada que al territorio absoluto.

Los perros defenderán a brazo partido el área que utilizan de nuestras casas y jardines, particularmente los accesos tales como puertas, verjas y vallas. Puede que perciban esa zona como un área de cuidado mutuo en cuya propiedad debe poder confiar la manada. Aunque, debido a la movilidad de las manadas ancestrales y a la de nuestra "manada" actual, los perros tienden a defender y marcar el lugar en el que se hallan.

Las marcas de orina no se limitan a la zona inmediata, porque los machos dominantes puntúan repetidamente el trayecto de un paseo normal. La orina con la que marcan forma un capítulo aparte de la orina "normal"; el volumen de la primera es mucho menor, y normalmente es consecuencia de mucho olisquear y comprobar marcas de otros perros.

Una vez que ha marcado, el perro puede empezar a escarbar ritualmente el suelo con las patas traseras y delanteras. Normalmente, el perro no escarba en la zona que ha marcado sino en los alrededores, formando una señal visual que atrae la atención hacia su marca.

El acto de marcar es una afirmación de dominio y propiedad, por lo que se suele superponer a marcas de otros perros. Si un perro nuevo se aproxima a un edificio y deja su olor, los perros residentes lo marcarán con mayor frecuencia para reestablecer la propiedad territorial.

Esta función "demarcativa" no tiene un límite territorial, puesto que marcan aún con mayor ahínco la zona que se atribuyen, y el mismo olor del perro le confirma su derecho a estar ahí. A la vez, percibir otros olores no sólo pone en evidencia quién ha venido, sino que esos mismos olores son un desafío para el macho dominante y le proporcionan una información valiosa, por ejemplo sobre la fase sexual en la que están las hembras.

Hasta que los cachorros machos no alcanzan la madurez sexual, marcar no tiene ningún significado para ellos. Empiezan a marcar con sus orines en la pubertad.

Posturas insólitas

Los perros son muy imaginativos con sus posturas para orinar, que van desde la propia de los machos, encoger la pata y orinar contra un árbol o una farola, y acuclillarse, a movimientos claramente gimnásticos como ponerse patas arriba contra un objeto vertical apoyándose sobre las patas delanteras. Como si eso no fuera lo bastante aventurado, a veces desarrollan variantes como la que consiste en mantenerse sobre las patas delanteras, acuclillarse, y luego levantar una de las patas traseras.

Bulldog inglés

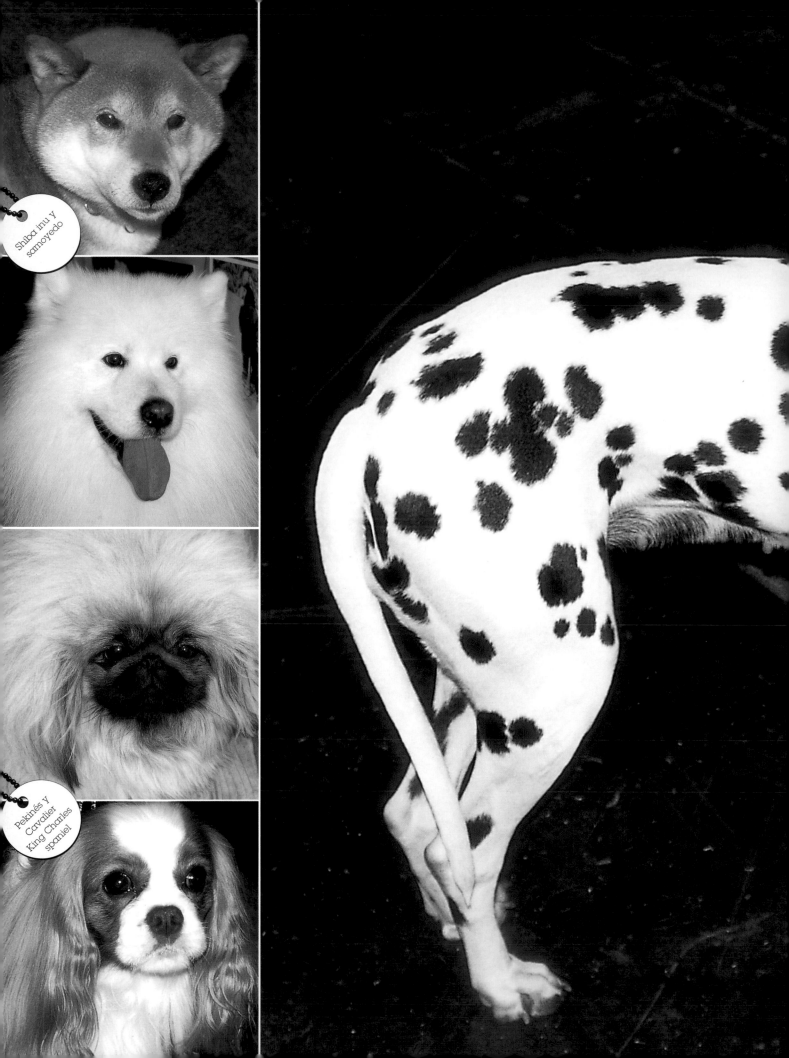

Shiba inu y samoyedo

Pekinés y Cavalier King Charles spaniel

Dálmata

2

Razas

Seleccionar la raza según el trabajo

A partir de las líneas originales características de los mastines, robustos, de cabeza redonda, y de los perros ojeadores, de líneas puras, han ido apareciendo distintas variantes a lo largo del tiempo. Además, las condiciones geográficas han permitido selectivamente la supervivencia de perros que se adaptaran al clima local, gracias sobre todo a sus espesas capas de pelo que les protegían del frío. Y surgen entonces distintos tipos de razas históricas fruto de una combinación de selección natural y artificial, y la forma y la selección de perros para cumplir con distintos papeles, como el hovawart (izquierda).

Muchas de las razas antiguas mantenían una similitud con las formas actuales ya en el siglo XVIII y XIX. Cuando la gente empezó a emigrar a las ciudades, la mecanización y la industrialización llegaron de la mano de la urbanización, y la fuerza del hombre y del perro para trabajar la tierra dejó de ser un requisito. No obstante, el crecimiento de los suburbios y el aumento del tiempo de ocio dieron lugar a los nuevos espectáculos caninos y conllevó la formalización de las razas.

Pese a que las razas estaban clasificadas por grupos, éstos no son universales. Los sistemas de clasificación del Kennel Club (KC) británico en 1873 y del American Kennel Club (AKC) en 1884 se establecieron en tiempos en que los perros aún trabajaban, y reflejan las tareas en las que se empleaban las distintas razas. Coinciden en la mayoría de los casos, pero no en todos: por ejemplo, para la AKC el Bichón Frisé y el Löwchen no son perros de deporte, mientras que para el KC son mascotas. Las clasificaciones por grupos de las siguientes páginas son las que más familiares nos resultan, una suma combinada de las razas reconocidas por el KC y el AKC.

Kennel Club: Sabuesos, cazadores, terriers, de utilidad, de pastoreo, de compañía y mascotas.

American Kennel Club: Sabuesos, cazadores, terriers, de trabajo, de guarda, no deportivos, mascotas.

MÁS ALLÁ DE LAS "RAZAS"

Dado el amplio espectro de tipos y razas, ninguna clasificación grupal puede contenerlas todas.

Para empezar, hay bastantes más razas identificadas que registradas. Desmond Morris investigó unas 1.000 razas. Algunas razas responden a las características de más de una de las clasificaciones registradas por las organizaciones. Por ejemplo, el KC coloca al caniche en el grupo de los perros de utilidad, y el AKC en su equivalente, el de los no deportivos. Sin embargo, su historia es la de un perdiguero de aguas muy trabajador –hasta su nombre, en inglés, deriva del bajo alemán *puddlen*, que significa "salpicar en el agua"– y su última función fue la de catalizador del cambio grupal (véase también página 141).

Grupos alternativos

En 1755, Bufón agrupó los perros según la forma de las orejas, y Cuvier se basó en la del cráneo en el siglo XIX. También se han determinado clasificaciones según su aspecto, como el grupo, aparentemente relacionado, de los spitz (spitz japonés, a la derecha). La nueva taxonomía se basa en los clusters de ADN de los perros (véase página 17) y presenta algunas similitudes con los grupos del KC/AKC pero también algunas diferencias.

Spitz japonés

Las conductas características de cada una de las razas se han acentuado con la selección de la cría. Por ejemplo, los perros de guarda han inhibido el instinto de caza y de ataque por deferencia hacia los pastores; los rastreadores dependían en sus inicios de la vista (como los borzois y los lebreles) o del olfato (como los sabuesos); e, históricamente, los perros de guarda y de ataque han sido seleccionados según el tamaño, como el guardián de rebaños kuvasz (derecha).

Sometidas a una batería de pruebas de conducta, las razas cazadoras (beagles, basenjis, cocker spaniels y terriers) sacaron mejor puntuación en las pruebas en las que había que realizar trabajos independientes de una recompensa alimenticia que los pastores de Shetland, que han sido seleccionados para realizar tareas bajo las órdenes de los pastores.

Las diferencias de conducta entre razas pueden observarse durante la instrucción y no cabe esperar que todas las razas reaccionen igual. Inicialmente, los basenjis, se debaten enérgicamente contra la imposición de la correa, pero acaban por aceptarla al cabo de unos diez días y, aunque no ladran, se quejan de ella aullando. A los pastores de Shetland tampoco les gusta la correa, serpentean entre las piernas de su propietario cuando se les intenta imponer. Por el contrario, spaniels, beagles y terriers son más dóciles en el aprendizaje de la correa.

En las pruebas de comparación de razas, se descubrió que es relativamente fácil instruir a un cocker spaniel y bastante difícil educar a basenjis y beagles. Entre los dos extremos, los pastores de Shetland y los fox terriers de pelo liso obtienen buena puntuación en algunas tareas y mala en otras.

La raza y el sexo de su perro dictan, en buena medida, muchas de sus características distintivas. Sin embargo, cada perro es un individuo y la personalidad del suyo, igual que ocurre con las personas, depende muchísimo de su experiencia pasada, especialmente de sus primeros meses de vida. La socialización –o la ausencia de ella– que haya tenido un cachorro influye determinantemente en su posterior capacidad de interacción. Su perro puede ser dominante o sumiso, inseguro o confiado, cooperador o no; la mayoría de los perros son una mezcla de todo ello.

Existen diferencias raciales definitivas heredadas genéticamente en tanto que potencial de conducta, igual que las hay en los rasgos del cuerpo. Pese a que algunos perros han sufrido un proceso de siglos de selección, la formalización de las razas estandarizadas se exacerbó en la segunda mitad del siglo XIX con la popularización de los espectáculos de exhibición canina. Las implicaciones no son sólo relativas a los orígenes del perro, sino también a nuestro criterio de selección durante la cría. Las razas que solían criarse para la protección agresiva pueden ser mucho más tratables si se las selecciona activamente para una función más amable y doméstica (véase página 71).

ADULTOS MUY INFANTILES

Algunos perros ya crecidos conservan características del lobo "adulto", tales como la cara ahusada, pero otros, como el mastín del Pirineo, tienen las orejas caídas y redondas y los rasgos del rostro de un cachorro.

El guardián del ganado tiene escasa conducta depredadora. Por el contrario, el lebrel de cara ahusada y otros ojeadores que presentan una elevada conducta depredadora, atacan a las presas nada más verlas. Entre ambos, los cazadores como los spaniels efectivamente, cazan, pero han inhibido el instinto de matar. Prácticamente todos los cachorros y lobeznos tienen la misma cara redondeada cuando nacen, pero a los cuatro meses sus cabezas ya tienen la forma (si no el tamaño) de la de un adulto. La variedad de cabezas adultas es debida a los distintos periodos de formación del cráneo. Por ejemplo, el proceso de formación del cráneo de un pastor alemán dura lo mismo que el de su lobo ancestral. Sin embargo, en el caso extremo de una cabeza redondeada, el bulldog tiene unos huesos nasales de crecimiento muy lento, por lo que el paladar se les comba. Los genes que intervienen en este proceso son los que determinan el tiempo en que se desarrolla la estructura y la conducta. La palabra que designa esos cambios temporales que les dan aspectos distintos a las razas es heterocronía (del griego, "tiempo cambiante") y el desarrollo lento de los rasgos, que les da ese aspecto de cachorros, es la neotonía. Dichos términos son aplicables también al desarrollo de los huesos de las extremidades, que es el responsable de las diferencias de altura.

Cocker spaniel

Sabuesos

El origen de los sabuesos se remonta a los primeros perros ojeadores de Próximo Oriente, y son los primeros que utilizó la humanidad para cazar. Los ojeadores dejaron una dinastía de sabuesos veloces y de pelo lustroso, los lebreles, salukis y afganos, mientras que los rastreadores cambiaron la velocidad por la resistencia. Durante el medioevo, se crearon manadas de perros cazadores de ciervos reales y, posteriormente, de zorros. Si tiene un sabueso como animal doméstico sea consciente de que los siglos de linaje cazador siguen pesando en él.

Basenji

Tamaño:
Macho
43 cm
11 kg

Hembra
40 cm
9,5 kg

Esta raza de cazador de las más antiguas es famosa porque no ladra; sin embargo, tampoco es un perro silencioso, pues emite una especie de ruido "parecido al canto tirolés" cuando se excita.

Temperamento: El antiguo basenji puede parecer muy independiente y esquivo, especialmente con los extraños. Son perros que están siempre alerta, no se adaptan fácilmente a la correa y pueden tener problemas de control, tales como destrozar cosas con los dientes, sobre todo si son jóvenes. También pueden querer dominar a los demás perros de la casa. Los basenji tienen mucha curiosidad y son unos compañeros muy distraídos. Son muy limpios y no huelen "a perro", porque se limpian con la misma meticulosidad que los gatos.

Ejercicio: Le gusta pasear a paso ligero, aunque le basta con recorridos medios. No le gusta ni el frío ni la humedad.

Cuidados de aseo: Mínimos.

Galgo Afgano

Tamaño:
Macho
74 cm
27 kg

Hembra
69 cm
22,5 kg

Este perro, que destaca por su belleza en cualquier exhibición canina, se remonta a unos orígenes como ojeador de presas en las zonas montañosas de Afganistán. Probablemente es una variante de saluki de perro largo, adaptado a unas condiciones más frías.

Temperamento: El afgano tiene unas maneras altivas y dignas que le confieren una elegancia única. Aunque también puede ser afectuoso, alcanza una buena puntuación como perro dominante, un aspecto que puede manifestar ignorando las órdenes del dueño y manteniendo su independencia. El dueño puede evitarlo estableciéndose apropiada y tempranamente como el miembro dominante de la relación. Los afganos acostumbran a ignorar a las visitas.

Ejercicio: Requiere de mucho ejercicio y le encanta correr.

Cuidados de aseo: Hay que dedicar mucho tiempo al día a cepillarle para desenredarle ese pelo tan sedoso.

Lebrel

Tamaño:
Macho
76 cm
32 kg

Hembra
71 cm
27 kg

Sólo el cheetah corre más rápido que el lebrel que, además, se considera una de las razas más antiguas. Era el perro de los reyes, acostumbrado a cazar velozmente a la presa, en carreras que pueden alcanzar los 64km/h, y aparece en dibujos y cuadros de todos los tiempos.

Temperamento: A pesar de su constitución atlética, éste es un animal amable y afectuoso. Los lebreles que no se dedican a la caza se adaptan fácilmente a la vida doméstica. Son de naturaleza amable con los extraños, a menos que sean animales pequeños, en cuyo caso los cazarán y matarán. También son inflexibles con los gatos que andan sueltos. Por estos motivos, la elección de un espacio abierto y seguro donde puedan practicar ejercicio debe realizarse con cautela.

Ejercicio: Necesita correr, pero sólo requiere un ejercicio medio ya que son sprinters, no corredores de fondo.

Cuidados de aseo: Mínimos.

Las alturas y pesos son únicamente a título orientativo. La altura se mide a partir de la cruz (véase páginas 10 y 11).

Éste es un animal que necesita espacio, pues no en vano se trata de la raza de mayor tamaño que conocemos. El perro lobo irlandés es legendario por perseguir y combatir a los lobos, hasta el punto de que a finales del siglo XVIII ayudó a erradicarlos de Irlanda.

Temperamento: Este perro es como un gigante bonachón. Suelen ser muy cordiales con los miembros de la familia, los extraños y los niños, pese a que, por sus dimensiones, pueden tumbar a un crío jugando sin intención de hacerle daño. Aunque los perros lobos irlandeses son un tanto letárgicos en casa, hay que tener cuidado cuando los sacamos a pasear, pues su instinto de cazador puede activarse en cualquier momento.

Ejercicio: Le gusta correr durante un buen rato y las caminatas largas, pero su necesidad de ejercicio es media.

Cuidados de aseo: Su pelo encrespado necesita de cuidados regulares.

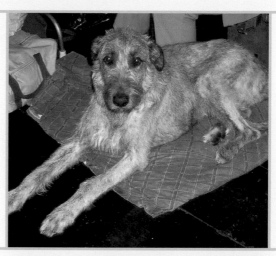

Perro lobo Irlandés

Tamaño:
Macho
79 cm
55 kg

Hembra
71 cm
41 kg

El basset no destaca por su rapidez, pero es un perro minucioso y determinado cuando se trata de seguir un rastro; al ser de piernas cortas, le sigue el paso a los cazadores. Los basset se desarrollaron en Francia, pero durante el siglo XIX, en Inglaterra, los cruzaron con sabuesos. La mezcla resultante fue un perro de apariencia lúgubre y orejas muy largas.

Temperamento: Estable y apacible, poco agresivo y muy afectuoso. Sin embargo, cuando se les mete algo en la mollera pueden ser testarudos. No son perros excitables y tienen un nivel de actividad más bien baja, aunque es fácil instruirlos y no suelen destruir cosas. Con su ladrido sonoro y característico, son perros con carácter.

Ejercicio: Constante.

Cuidados de aseo: No los requiere.

Basset Hound

Tamaño:
Macho
38 cm
23 kg

Hembra
33 cm
20 kg

Existe una larga controversia acerca del grupo al que debe pertenecer este perro. No se descarta que tuviera un antepasado sabueso, pero como se seleccionaba y criaba para que escarbara la tierra en busca de tejones, su función era la de un terrier. Los hay en distintas versiones, aunque el más glamoroso es el de pelo largo. Dado que su lomo es largo y sus piernas cortas, tiende a tener problemas de espalda.

Temperamento: Los dachshund son amables, afectuosos y, generalmente, tienen buen talante, pero reaccionan fácilmente como guardianes celosos ante quienes consideran intrusos, por lo que pueden mostrarse territorialmente defensivos.

Ejercicio: No lo requieren.

Cuidados de aseo: Los de pelo largo necesitan cuidados regulares porque lo arrastran por el barro.

Dachshund

Tamaño:
Estándar
20–25 cm
9–12 kg

19 Perros de muestra y de caza

Estos perros constituyen un grupo fácilmente reconocible, cuya función original consistía en cazar y cobrar las piezas durante la cacería. Nunca son muy excitables ni ruidosos, lo que hace de ellos buenos compañeros. Dos de las razas más populares, los labradores y los golden retriever, pertenecen a este grupo.

Setter irlandés (rojo y blanco)

Tamaño:
Macho
69 cm
29 kg

Hembra
63 cm
27 kg

Éste es el setter histórico en Irlanda, en el terreno de caza era más popular que su primo, el setter rojo, pues el pelo blanco destaca más y, por lo tanto, se corría menos peligro de dispararle accidentalmente. Ambos son setters muy enérgicos que "olfatean" sistemáticamente hasta que detectan al ave y luego se agachan y se mantienen quietos para permitir que el cazador dispare.

Temperamento: Las características que le ha asignado el Kennel Club son: "alegre, afectuoso y de buen talante". Es un perro muy dinámico y enérgico, todo un atleta. Su instrucción no debe ser excesivamente firme y puede tardar un poco más que con otros perros de caza. Aunque, una vez domesticados, son perros muy leales. El setter rojo y blanco es menos excitable que el setter rojo.

Ejercicio: Exige muchísima actividad.

Cuidados de aseo: Su preciosa capa de pelo es un imán para el barro y los abrojos, por lo que precisa de un mantenimiento regular.

Spaniel Brittany

Tamaño:
Macho
53 cm
15 kg

Hembra
49 cm
14 kg

El britanny, o spaniel bretón, es el menor de los spaniels franceses, no en vano el lema de su club de cría en Francia es "máxima calidad por el mínimo tamaño". Pese a su nombre, es más bien un pointer retriever (debido a los cruces con setters y pointers en Inglaterra durante el siglo XIX), y dicha combinación le capacita para desempeñar varias funciones en el terreno de caza.

Temperamento: El spaniel brittany es de naturaleza enérgica y activa. Tiene muchas ganas de agradar, extremo que puede apreciarse tanto durante la cacería (donde trabaja cerca de su dueño), como en el hogar. Aunque es juguetón y suele llevarse bien con los extraños y los niños, hay que tener presente que algunas de sus características raciales pueden dar más de una sorpresa.

Ejercicio: Le sienta bien hacer mucho ejercicio, y tiene buena resistencia.

Cuidados de aseo: No los requiere.

Labrador retriever

Tamaño:
Macho
58 cm
26 kg

Hembra
56 cm
24 kg

Se le conoce como labrador, y es el pedigrí de perro más popular del mundo. A pesar de que se ha cosechado una imagen como exclusivo perro de caballero cazador inglés, sus orígenes fueron muy duros y en condiciones extremas. Fue el perro que trabajó junto a los pescadores de Terranova en el inclemente mar canadiense, por donde arrastraba las redes sujetas a unas boyas de corcho. En el siglo XIX los pescadores se lo llevaron a Inglaterra y el labrador retriever hizo fortuna como perro de caza gracias a la "suavidad de su boca", que no estropeaba las piezas.

Temperamento: Conocidos por su lealtad, los labradores son unos perros muy queridos y entrañables como animal doméstico. Son muy buenos con los niños y les gusta estar en familia. Es un perro inteligente y fácil de instruir.

Ejercicio: Necesita ejercicio enérgico y regular. Si carece del ejercicio requerido puede roer y destruir cosas. Se adapta al agua fácilmente.

Cuidados de aseo: La capa de pelo, doble y corto, tiene unas excelentes propiedades impermeables, y es fácil mantenerla cuidada cepillándola habitualmente.

Algunas razas de perros de muestra fueron criadas e instruidas para desempeñar distintas funciones durante la cacería, no sólo para seguir su instinto de caza y captura. Los pointers detectan la pieza y se quedan erguidos señalando su posición; los setters notan la presencia del ave, y se agachan por debajo de la línea de fuego; los spaniels igual se agazapan en la trampa que se colocan fuera de la línea de tiro; los retrievers cobran la pieza sobre la que el cazador ha disparado y se la entregan.

Las alturas y pesos se ofrecen son únicamente a título orientativo. La altura se mide a partir de la cruz (véase páginas 10 y 11).

Golden retriever

Tamaño:
Macho
60 cm
36 kg

Hembra
56 cm
24 kg

Éste es un perro encantador, popular tanto en su faceta como mascota como por su colaboración y prestaciones sobre el terreno de caza. Lord Tweedsmouth desarrolló la raza a mediados del siglo XIX, oficialmente a partir de un retriever wavy-coated y de un tweed water spaniel.

Temperamento: Amable, gentil, inteligente, fiable, tolerante con los niños y leal, el golden retriever es un excelente perro de familia. Son fáciles de instruir, les gustan los ejercicios al aire libre y conservan siempre una naturaleza juguetona. Tienen una puntuación baja en dominio sobre sus propietarios y no suelen mostrar agresividad hacia los demás perros. Aunque son unos guardianes muy eficaces, no acostumbran a crear problemas debidos a que ladren en exceso.

Ejercicio: Le gusta el campo y disfruta de los paseos largos y enérgicos, preferiblemente si tienen ocasión de nadar.

Cuidados de aseo: El pelo necesita un cepillado diario, y hay que prestarle atención a la primera capa. Hay que peinarles las "plumas" y la cola para quitarles el barro.

Vizsla húngaro

Tamaño:
Macho
64 cm
30 kg

Hembra
60 cm
25 kg

El vizsla o braco, que tiene pinta de listo, es el perro nacional húngaro, y hay quien le llama pointer húngaro. El vizsla tiene un espectacular color dorado bermellón, y en Hungría tiene buena reputación como perro de muestra y cobrador o perdiguero. Se considera que sus ancestros se remontan a los tiempos en que los magiares llegaron a Europa, hace unos 1.000 años.

Temperamento: Animado, a la vez que sensible y amable, el vizsla es un perro inteligente y fácil de instruir que responde al contacto suave, aunque firme. Los vizslas son muy afectuosos, pero también pueden ser protectores y resultar pesados o destructivos si no practican el ejercicio que requieren.

Ejercicio: Le sienta bien correr y pasear, y les encanta nadar.

Cuidados de aseo: Su pelo, corto y espeso, tiene un lustre natural y fácil de mantener con un simple y vigoroso cepillado. Los de pelo largo, los menos, precisan un cepillado diario.

Springer spaniel inglés

Tamaño:
Macho
48 cm
18 kg

Hembra
46 cm
16 kg

El papel tradicional del springer (levantador) consistía precisamente en "levantar" o "aventar" la pieza, antes para ayudar a localizar a los halcones y posteriormente para facilitar el disparo. Se considera que este spaniel de tamaño algo mayor pertenece a la denominación amplia de los spaniels (excepto el clumber). El Kennel Club le atribuye lo siguiente: "de orígenes antiguos y puros, es el más antiguo de los perros de muestra y caza".

Temperamento: Amistoso, alegre y entusiasta, el springer spaniel destaca por su espíritu juguetón. Su naturaleza obediente hace de él un perro fácil de instruir, y suelen ser pacientes con los niños. Para familias dinámicas y extravertidas, el springer spaniel es una buena mascota familiar, aunque necesita que se le proporcione el ejercicio adecuado.

Ejercicio: Le gusta el ejercicio vigoroso y regular, y tiene una buena resistencia.

Cuidados de aseo: Aunque es relativamente fácil mantenerle el pelo cuidado a base de cepillados, las "plumas" de las patas se embarran rápidamente y también hay que prestarle atención al pelo de las orejas.

20 Terriers

Se les conoce como los "zapadores o trabajadores de la tierra" porque, cuando los romanos invadieron Inglaterra y se encontraron con estos perros, los llamaron "terrarii" (del latín "terra"), y se quedaron con ese nombre. La mayoría de estos controladores de alimañas se originaron en Inglaterra; algunos bajaban a las madrigueras a por sus presas, mientras que otros esperaban a que los ratones, conejos, zorros y tejones salieran de ellas.

Bull Terrier

Tamaño:

48 cm

32 kg

Aunque está clasificado como terrier, es un perro diseñado para la lucha. En 1835 se prohibió el bull-baiting, así que se les utilizó como perros de lucha. Crearon entonces a este perro cruzando al bulldog con el terrier black and tan. Posteriormente, declararon ilegales las peleas de perros y se convirtió en un perro de exhibición. En la película *Oliver*, el perro de Bill Sykes, Bullseye, era un bull terrier.

Temperamento: Por su potente dentellada, su determinación, y su elevado umbral del dolor, este perro puede ser un peligro para los otros si no se socializa adecuadamente en su juventud. Normalmente los bull terriers son agradables con la gente y muy entregados con sus amos, pero la socialización con niños y extraños puede ser delicada. Hay que tener cuidado con él en presencia de gatos.

Ejercicio: Le gusta el ejercicio, que necesita regularmente aunque con moderación. Dada la solidez de su raza y su reputación, se aconseja mantenerlo atado a la correa en los espacios públicos.

Cuidados de aseo: Fácil. Basta con limpiarles el pelo corto y liso con un paño húmedo.

Cairn Terrier

Tamaño:
Macho

33 cm

8 kg

Hembra

30 cm

8 kg

Los cairns son mojones de piedra, que se han hallado entre los brezos en las Tierras Altas del oeste de Escocia, y este pequeño terrier atacaba a los pequeños roedores que vivían en su interior. Ha sido reivindicado como el terrier ancestral escocés. Su melena desgreñada le proporcionaba la protección necesaria para soportar el clima de las Tierras Altas.

Temperamento: Alegre, vivaracho, leal, valiente, dinámico, intrépido, alerta y afectuoso con los dueños, se trata efectivamente del terrier prototípico. Los cairns son excitables y proclives a ladrar, y pueden ser posesivos con sus juguetes y atacar a los gatos. No obstante, son fáciles de instruir.

Ejercicio: Le gusta corretear por el jardín, pero si no puede disponer de él hay que sacarle a pasear.

Cuidados de aseo: Aunque tiene un pelo melenudo, sólo hay que cepillarle algunas veces a la semana.

Soft-coated Wheaten Terrier

Tamaño:
Macho

50 cm

20 kg

Hembra

48 cm

18 kg

El pelo de este perro es realmente suave. Aunque se dice que es el más antiguo de los terriers irlandeses, en la actualidad no se ven muchos en Irlanda y, sin embargo, es muy popular en Estados Unidos. Le utilizaban para escarbar las madrigueras de zorros y tejones, pero también como perro de granja, que mata ratas, conduce al rebaño y guarda el ganado.

Temperamento: De buen talante, cordial, vivaracho, exuberante incluso, es un buen perro de guarda, inteligente y fácil de instruir. El poderoso instinto cazador del soft-coated wheaten puede ser un problema en su trato con gatos y animales pequeños. Es importante socializarles, pues de lo contrario pueden surgir conflictos con otros perros y sus mismos propietarios pueden enfrentarse a problemas de dominio.

Ejercicio: Necesita un ejercicio de moderado y regular a intenso.

Cuidados de aseo: Es importante acostumbrarles al aseo desde cachorros. Se aconseja utilizar un peine de púas medianas para impedir que se le formen nudos en el pelo.

John Cajus escribió que éste era un perro de patas cortas procedente de las pedregosas Western Islands de Escocia en el siglo XVI, donde se utilizaba para la caza del zorro, el tejón, la comadreja y otros. Afamado por su pelo fuerte y sus orejas características, la reina Victoria, y posteriormente la reina Alexandra, lo pusieron de moda. El pelo del animal moderno es más suave que el de su ancestro.

Temperamento: Aunque son afectuosos con sus dueños, los skye terriers pueden ser agresivos con la gente que no conocen o, como mínimo, reservados. También pueden tener problemas de relación con otros perros. Como ocurre con el resto de terriers pequeños, reaccionan de un modo imprevisible, se excitan fácilmente y son un peligro para los gatos. La definición del Kennel Club dice de él que es perro "de un solo hombre", y que los propietarios pueden encontrarse con problemas de dominio.

Ejercicio: Necesita un ejercicio regular y moderado.

Cuidados de aseo: Tiene una doble capa de pelo, una primera suave y espesa y la segunda, de pelo más largo. La tarea de prestarle cuidados diarios a su pelo puede resultar engorrosa.

Skye Terrier

Tamaño:
Macho
26 cm
11,5 kg

Hembra
25 cm
11 kg

Sólo hace 40 años que esta pequeña raza procedente de los anglos del este fue reconocida en Inglaterra. Su formación se basó en una pequeña variante de su predecesor, pues el Norfolk terrier es una versión de orejas caídas del Norwich terrier, de orejas puntiagudas. El origen de ambos se halla en los pequeños terriers de los estudiantes de la Universidad de Cambridge aficionados a la caza durante el siglo XIX.

Temperamento: El Kennel Club dice de este pequeño terrier que "para el tamaño que tiene, es un demonio". Estos perros pequeños y audaces, sin embargo, no sólo son muy afectuosos con sus propietarios, sino que normalmente no entablan peleas con otros animales y son cordiales con los desconocidos. Cazan gatos, por lo que se recomienda una socialización adecuada.

Ejercicio: Le gusta pasear por el campo, y siente un gran interés por los agujeros en la tierra.

Cuidados de aseo: Se recomienda someterle dos veces al año a los cuidados de un profesional.

Norfolk Terrier

Tamaño:
25 cm
6,5 kg

Esta raza, que se remonta al siglo XVII, es una de las primeras y más pequeñas de los terriers irlandeses. Debe su carácter arisco y su apariencia a las Wicklow Mountains, donde se desarrolló en calidad de cazador de tejones. A pesar de su tamaño, es un perro muy bravo. No es una raza muy común, pero sus propietarios les aprecian. Inusual en un terrier, es relativamente silencioso.

Temperamento: Activo, independiente y muy curioso, a la par que afectuoso y más bien dócil con sus propietarios, es un perro audaz y resistente. Sin embargo, también pueden ser reactivos y, como buenos terriers, peligrosos para los gatos. Asimismo, pueden ser agresivos con los otros perros, por lo que se impone una buena socialización.

Ejercicio: Disfruta practicando un ejercicio de medio a elevado.

Cuidados de aseo: Su pelo ralo no necesita de grandes cuidados y le basta una atención media.

Terrier Glen of Imaal

Tamaño:
36 cm
16 kg

Perros de labor

El grupo denominado "perros de labor", un término que se utiliza tradicionalmente en Gran Bretaña, es tan amplio que en Estados Unidos y otros países se ha dividido entre perros de labor y perros pastores. En la actualidad, en Gran Bretaña también se han separado entre perros de labor y pastores. Los perros de labor son los que empujan y transportan, como los huskies, y los perros de guarda, como el bull mastín.

Perro de las montañas de Berna

Tamaño:
Macho
71 cm
50 kg

Hembra
66 cm
45 kg

A este apuesto perro de las montañas suizas, el boyero de Berna, se le llamó también el perro de la quesería, porque acostumbraba a tirar de los carros en los que se conducía el queso y otros productos de la granja hasta el mercado. También cumplía funciones de perro de granja de las montañas, y reunía al rebaño.

Temperamento: Se trata de un perro alegre, leal, bien predispuesto, obediente y que parece esgrimir una sonrisa constante. Es un buen animal como perro familiar en un entorno rural, y suele portarse bien con los niños si se le socializa adecuadamente. No obstante, la lealtad de estos perros puede dificultarles un cambio de propietario en la edad adulta, y hay que tener presentes algunas de las características raciales, tales como su agresividad.

Ejercicio: Necesita ejercicio moderado y regular.

Cuidados de aseo: Es preciso cepillarles a diario.

Bull Mastín

Tamaño:
Macho
69 cm
60 kg

Hembra
66 cm
50 kg

Este impresionante perro guardián es el resultado de un cruce entre el bulldog y el mastín que se realizó en el siglo XIX y los guardas forestales lo utilizaban para perseguir y reducir a los cazadores furtivos. Dado que realizaron el cruce con un bulldog original, que tenía los rasgos faciales menos planos que el actual, el bull mastín no sufre los mismos problemas respiratorios que el moderno bulldog.

Temperamento: Los bulldogs son únicos como perros guardianes, pero por lo demás son tranquilos, leales y tolerantes con los niños, y normalmente no hay peligro de que les tiren. Sin embargo, la persona que les saque a pasear tiene que ser fuerte. Además, estos perros necesitan de una socialización adecuada para evitar que agredan a otros perros y a extraños.

Ejercicio: Le gusta el ejercicio moderado.

Cuidados de aseo: Fáciles.

Husky siberiano

Tamaño:
Macho
60 cm
24 kg

Hembra
54 cm
19,5 kg

Los perros de trineo reciben el nombre general de huskies, aunque en su momento existieron distintos tipos locales. En Alaska, el alaskan malamute (arriba) era un perro grande y potente para el arrastre, mientras que su equivalente en el Viejo Mundo es la antigua raza de los huskies siberianos, que los chukchi utilizaban para las cargas menores en sus desplazamientos a distancias largas.

Temperamento: Estos bellos perros nacieron para tirar de trineos en climas fríos, no para vivir en zonas residenciales, por lo que si no practican el ejercicio que necesitan, se pueden volver destructivos e intentar cavar su acceso al exterior. Los huskies siberianos son cordiales, amables, silenciosos, inteligentes y poco excitables; aunque su espesa capa de pelo puede hacerles sentir incómodos en climas cálidos.

Ejercicio: Necesita cantidades considerables de ejercicio enérgico: se lo pasan bien tirando de algún aparejo con ruedas. Es aconsejable evitar que practiquen demasiado ejercicio cuando hace calor.

Cuidados de aseo: Hay que cuidar de su espesa capa de pelo varias veces por semana, especialmente durante la época de muda.

Las alturas y pesos que se ofrecen son únicamente a título orientativo. La altura se mide a partir de la cruz (véase páginas 10 y 11).

El bóxer se asemeja en aspecto y en movilidad a la forma primitiva del bulldog; y en Alemania se utilizaba al ancestro del bóxer, el bullenbeiszer, para el bull-baiting y para la caza del jabalí. El primer bóxer registrado, en 1895, era el resultado de un cruce con el bulldog blanco inglés.

Temperamento: Los bóxers son leales a la familia y, normalmente, buenos con los niños, aunque pueden ser bulliciosos. Responden bien a la instrucción y se les utiliza para labores militares y de guardia. Los machos adultos pueden agredir a los demás perros, por lo que necesitan socialización. Los bóxers pueden ser excesivamente protectores.

Ejercicio: Necesita jugar y practicar ejercicio diaria y enérgicamente. Los niños no deben pasear a un bóxer sin la vigilancia de los mayores, debido a que pueden surgir problemas con otros perros.

Cuidados de aseo: Fáciles, dado que tiene un pelo corto, liso y muy pegado al cuerpo. (No obstante, babean abundantemente y hay que tener la precaución de quitarles las babas con un trapo.)

Bóxer

Tamaño:
Macho
63 cm
32 kg

Hembra
59 cm
27 kg

Un perro extraordinario: el mayor, más pesado, de linaje antiguo, y rescatador de la gente extraviada en las montañas suizas. La raza probablemente parte de los mastines, que inicialmente se utilizaron como perros de guardia aunque, en el siglo XVIII, una hospedería fundada por San Bernardo de Mentón en el año 980 usaba a los perros para el rescate de los viajeros extraviados. En el siglo XIX se trató la raza para que fueran más grandes.

Temperamento: Amable, cordial aunque digno, estable, bonachón y normalmente tolerante con los niños, este perro responde bien a la instrucción. Sin embargo, un perro de su tamaño y fuerza supone un problema ya que, aunque se mantenga sujeto a la correa, si no se le ha instruido y socializado correctamente algunas características de su raza pueden presentar problemas de dominio.

Ejercicio: Necesita ejercicio moderado y regular.

Cuidados de aseo: El pelo es relativamente fácil de mantener a diario con un cepillado o un peinado. Hay que cuidarles especialmente durante las dos épocas de muda al año.

San Bernardo

Tamaño:
Macho
hasta 91 cm
90 kg

Hembra
hasta 64 cm
70 kg

Hay quien ha dicho de esta raza que, "más que un perro, parece una alfombra de cuerda". Pero no nos llamemos a engaño, son perros muy grandes, y aunque ese pelo tan característico les hace pasar desapercibidos entre un rebaño de ovejas, no son perros pastores sino guardianes que además, cuentan con el elemento sorpresa a su favor.

Temperamento: Muy apegados a sus dueños, los komondors son guardianes por naturaleza, recelosos con los extraños y potencialmente agresivos tanto con la gente como con otros perros. Su expresión facial queda oculta por lo que puede ser difícil juzgar su estado de ánimo. No es un perro para propietarios cohibidos (o urbanos).

Ejercicio: Necesita ejercicio moderado.

Cuidados de aseo: No se le puede cepillar ni peinar; para evitar la formación de enredos, hay que dividir cuidadosamente su pelo en cuerdas. Por sus características, los restos de maleza se le enganchan fácilmente a la capa de pelo.

Komondor

Tamaño:
Macho
65 cm
51 kg

Hembra
60 cm
50 kg

Perros pastores y de manada

En las propiedades donde se criaba ganado solía haber un perro pastor. La mayoría tienen una espesa capa de pelo que les protege de las inclemencias de la montaña (y probablemente les ayuda a confundirse entre el rebaño). Los perros pastores de ganado vacuno, como los corgis, son de menor tamaño. En los perros pastores, la acción depredadora ha quedado inhibida en la persecución de las reses.

Bearded collie

Tamaño:

Macho

56 cm

25 kg

Hembra

53 cm

22 kg

También conocido como collie de las Tierras Altas, este perro parece haber sido, en sus inicios, un boyero que llevaba al ganado vacuno y ovino montaña abajo hacia el mercado. La referencia histórica de su raza es escocesa, aunque se ignoran sus orígenes. Una teoría apunta que podría ser la evolución de un perro pastor polaco que llegó a Escocia hace 500 años.

Temperamento: Son unos perros muy dinámicos y activos con una gran capacidad de resistencia, cordiales y de buen temperamento. Normalmente responden bien en compañía de niños. Su raza se ha adaptado bien al paso de perro de labor a compañero y mascota familiar.

Ejercicio: Necesita tiempo para realizar mucho ejercicio.

Cuidados de aseo: La capa de pelo exige cuidados diarios.

Perro pastro alemán

Tamaño:

Macho

66 cm

40 kg

Hembra

60 cm

30 kg

Conocido también como alsaciano, lo primero que nos viene en mente en la actualidad acerca de este perro es su labor como perro policía. Por consecuencia, y a pesar de que es muy popular, hay gente que les tiene un cierto reparo. Como su nombre, shäferhund, indica, en sus orígenes era un perro pastor.

Temperamento: Perros inteligentes, que aprenden rápido, permanecen en alerta constante, y son compañeros leales y obedientes de un propietario firme y aseverativo. Si se pretende que se conviertan en animales familiares, hay que socializarles e instruirles correctamente.

Ejercicio: Necesita ejercicio regular y activo.

Cuidados de aseo: Hay que cepillarles a diario.

Viejo pastor inglés

Tamaño:

Macho

61 cm

36 kg

Hembra

56 cm

30 kg

Ésta es una raza "antigua" en tanto que existen evidencias visuales de su existencia que se remontan a 200 años atrás. Pese a que hay quien afirma que los perros pastores rusos se cruzaron con las razas locales, en realidad en muchos países europeos, incluida Inglaterra, existen perros pastores y de manada melenudos, y el viejo pastor inglés era un perro pastor de guía.

Temperamento: Los viejos pastores ingleses son vivarachos, leales, tranquilos y obedientes. Acostumbran a relacionarse bien con los niños, aun persistiendo el problema de que, durante los juegos, y dado su tamaño, pueda tumbar a los más pequeños. Algunos perros de esta raza son potencialmente posesivos.

Ejercicio: Tienen unos andares "osunos" que se corresponden con su moderada necesidad de ejercicio y se caracterizan por su suavidad.

Cuidados de aseo: ¿Le sobrará el tiempo que otros perros requieren para el paseo? No, porque lo necesitará, con creces, para los exigentes cuidados diarios de su pelo.

La palabra *corgi* deriva de la voz celta para "perro". En los últimos 75 años se han registrado dos tipos distintos: el pembroke (que nace sin cola o "recortado"), a la derecha, y el cárdigan (con cola), arriba a la izquierda. Durante siglos, se ha venido utilizando a estos perros paticortos como guías de vacas, que conducían a las reses mordisqueándoles los talones y se le considera uno de las razas características de Inglaterra desde muy antiguo.

Temperamento: Los corgis son animales despiertos e inteligentes, y relativamente fáciles del instruir. Sin embargo, como los han estado adiestrando selectivamente para mordisquear, no son el perro ideal para estar con niños. (Es famoso el corgis pembroke de la reina de Inglaterra que, durante los años en que duró el reinado de la monarca, les mordió los tobillos a todo el personal de palacio.) Los perros se llevan mejor con los otros perros cuando se los socializa.

Ejercicio: Necesita ejercicio moderado.

Cuidados de aseo: Su pelo es impermeable y necesita de un cepillado regular.

Welsh Corgi

Tamaño:

Macho

31 cm

12 kg

Hembra

31 cm

11 kg

Este encantador guardián de rebaño, procedente de las escarpadas islas Shetland del norte de Escocia, es una versión más pequeña de rough collie escocés del continente. Dichos perros evolucionaron a escala con los ponis y las ovejas, que también sufrieron un proceso de miniaturización al contacto con la accidentada vida en las islas. Dado que su tamaño se ajusta aún mejor a la vida familiar, se ha convertido en una mascota más popular que el mismo collie.

Temperamento: Estos perros alegres y avispados son inteligentes y fáciles de instruir. Son sensibles y afectuosos con sus dueños y capaces de mostrar su cariño, aunque pueden mostrarse cohibidos o reservados con los extraños, los niños revoltosos o los demás perros.

Ejercicio: Aunque le gusta mucho corretear, es un perro que puede adaptarse e incluso ser una buena mascota para los ancianos.

Cuidados de aseo: Necesita que se le cepille el pelo regularmente pero no hay que desenredarles el pelo con un peine. Afortunadamente, evitan ensuciarse con el barro.

Pastor de Shetland

Tamaño:

Macho

37 cm

8 kg

Hembra

35,5 cm

7 kg

En Polonia, a este perro parecido a una versión menor del bearded collie le llaman *polski owezarek nizinny* (Pon). En 1514 llevaron a tres pons de Gdansk a Escocia y es posible que intervinieran en la formación del bearded collie. Durante la segunda guerra mundial el perro quedó prácticamente extinguido, pero una veterinaria polaca, Danuta Hryniewicz, impidió que desaparecieran.

Temperamento: Vigilante, animado, inteligente y fácil de instruir. De él dice el Kennel Club: "son muy perceptivos y tienen una memoria excelente". Su buen talante y su tamaño han hecho de él un buen animal de familia.

Ejercicio: Es un perro muy bullicioso que necesita mucho ejercicio; sin embargo, cuando no trota ni pasea, puede adoptar un paso holgado.

Cuidados de aseo: La capa de pelo largo y la inferior, más corta y suave, pueden requerir mucha atención.

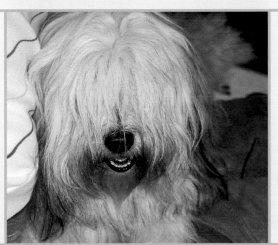

Perro pastor de las llanuras polacas

Tamaño:

Macho

52 cm

19 kg

Hembra

46 cm

19 kg

23 Perros que no son ni de utilidad ni de deporte

Éste es un "no grupo": ¡no tiene sentido clasificar a un perro en un grupo aparte por lo que no es! En realidad, todos los perros de utilidad tienen funciones que podrían calificarle para otro grupo. Por ejemplo, el caniche es, originalmente, un perro cobrador de aguas. Los perros que, en un inicio, era luchadores pero no son terriers, y los perros de compañía que, pese a ser pequeños, no lo son bastante como para ser mascotas, también han acabado perteneciendo a este grupo.

Shiba Inu

Tamaño:

Macho

40 cm

14 kg

Hembra

38 cm

13 kg

El nombre de este perro, de tipología parecida al spitz, aunque más pequeño, significa precisamente "perro pequeño" en japonés. Sus orígenes se remontan a hacen más de 2.000 años, y se le utilizaba para la caza menor. En 1937 se le declaró "Monumento Natural", y es el perro japonés más popular.

Temperamento: Tan vivarachos y listos como parecen, los shiba inus son independientes y pueden ser difíciles de instruir. Si llegan a dominar a sus dueños, pueden ponerse agresivos con la gente y los demás perros. A los shiba inus les gusta aprender bajo el control de un dueño firme y pueden ser muy sociables.

Ejercicio: Necesita ejercicio moderado y regular.

Cuidados de aseo: Requiere de un cepillado regular y enérgico.

Dálmata

Tamaño:

Macho

63 cm

29 kg

Hembra

60 cm

27 kg

Este perro de carruaje corría incansablemente junto a su dueño y le proporcionaba protección a la vez que estatus, dado su pelaje espléndido y único. Los orígenes de esta raza constituyen un misterio: parece que no existe conexión alguna con Dalmacia, y probablemente el perro es el resultado de un cruce que tuvo lugar en Inglaterra. Su manto le inmortalizó en *101 Dálmatas* de Dodie Smith y la posterior película de Walt Disney.

Temperamento: Este perro exuberante es inteligente y afectuoso: su talante cordial –y sus manchas– fascinan a los niños. Los dálmatas pueden ser problemáticos si no practican el ejercicio requerido y precisan de una temprana socialización con los demás perros y la gente.

Ejercicio: Necesita de largos y enérgicos paseos.

Cuidados de aseo: Hay que cepillarle a diario.

Lhasa Apso

Tamaño:

26 cm

7 kg

Durante los siglos en que el Tíbet estuvo aislado del mundo exterior, estos perros de templo y monasterio sólo podían sacarse del país en calidad de regalos del Dalai Lama, que residía en la ciudad sagrada de Lhasa. Normalmente, eran ofrendas para la familia imperial china. Sin embargo, a finales del siglo XIX llegaron algunos a Inglaterra, y en 1908 el Kennel Club los reconoció. Su nombre tibetano es apso seng kye (perro león peludo).

Temperamento: Con su larga historia como perros de compañía, los lhasa apso disfrutan de la convivencia con sus dueños. Son perros avispados y fáciles de instruir aunque reservados con los extraños, por lo que hay que socializarles en el trato con los demás perros cuando son pequeños. Tienen buen oído y, algunas veces, ladran demasiado cuando se comunican con sus dueños.

Ejercicio: Agradece la práctica de un ejercicio suave y regular, le gusta andar, y resiste bien el frío.

Cuidados de aseo: Hay que mantener regularmente la capa larga así como la corta.

Las alturas y pesos son únicamente a título orientativo. La altura se mide a partir de la cruz (véase páginas 10 y 11).

Los hay de tres tamaños: **estándar, miniatura y mascota.** Debido a lo que parece una esquilada rara, no se considera muy plausible que se criara a esta raza para que trabajara duro como perro cobrador de aguas. Los flecos empezaron a recortarse de ese modo para impedir que el manto les arrastrara por detrás pero dejando a la vez una mata de pelo sobre las articulaciones.

Temperamento: Los caniches son afectuosos y responden bien a sus propietarios. Famosos por su inteligencia y su capacidad de aprendizaje, fueron ésas las características que les llevaron a ser estrellas de circo. Si se les socializa, no suele haber problemas con los extraños o los perros desconocidos. Los estándar y los miniatura se llevan bien con los niños, aunque pueden mostrarse celosos.

Ejercicio: A los estándar les gusta más el ejercicio que a los más pequeños. Sus necesidades son regulares aunque moderadas, y les gusta jugar sueltos.

Cuidados de aseo: Los caniches no sueltan pelo (lo que les hace adecuados para propietarios que sean alérgicos a los perros), por lo que necesitan que se les esquile de vez en cuando. Algunos dueños optan, sencillamente, por una esquilada tipo "cordero".

Caniche

Tamaño:

Estándar

más de 38 cm

34 kg

Miniatura

menos de 38 cm

6 kg

Mascota

menos de 28 cm

4,5 kg

Tiene, de nacimiento, esa abundancia de piel que se dobla en pliegues cuando son cachorros, pero crecen hasta prácticamente tensarla cuando son mayores. Como el chow chow, el shar pei tiene la lengua azul; ambas razas descienden de un ancestro común de hace unos 2.000 años. El shar pei es el perro de lucha chino, pues su piel escurridiza impide que el oponente le muerda bien.

Temperamento: Son perros tranquilos e independientes, voluntariosos incluso, pero en general muy cariñosos. A pesar de que son bastante apacibles, es importante socializarles adecuadamente para evitar problemas con personas y perros desconocidos.

Ejercicio: Moderado aunque regular.

Cuidados de aseo: Aunque normalmente basta con un cepillado regular, los elaborados pliegues de su piel pueden provocar problemas dermatológicos y entropión (patología ocular por la que los párpados se vuelven hacia dentro), cuya complicación última es la ceguera.

Shar Pei

Tamaño:

51 cm

25 kg

Este bulldog miniatura es una derivación del bulldog inglés, cuyas orejas caen hacia atrás. Cuando le llevaron al norte de Francia, evolucionó hasta este bulldog francés de orejas tiesas, parecidas a las de un murciélago. Debe su popularidad y su relativa notoriedad a haber sido el amiguito de las damas parisinas *demi-mondaines*, y Toulouse-Lautrec y otros artistas lo inmortalizaron en sus telas.

Temperamento: Vivaz, de buen talante, y muy cariñoso, el bulldog francés es cordial con los extraños y, si se socializa adecuadamente, también con los otros perros.

Ejercicio: Esta raza no requiere de una práctica especial, aunque es mejor no agotarles cuando hace calor.

Cuidados de aseo: Fáciles, aunque los pliegues faciales requieren atención.

Bulldog francés

Tamaño:

Macho

31 cm

12,5 kg

Hembra

26 cm

11 kg

24 Mascotas

Éstos son los perros con los que tradicionalmente "se ha jugado", aunque pueda decirse otro tanto, históricamente, de todas las razas. Algunas son milenarias y cuando se les aplicó el término "mascota" a los perros de exhibición, se refería únicamente a que eran "muy pequeños". No obstante, una de las peculiaridades exclusivas de las mascotas es que se crían únicamente como perros de compañía aunque, con el auge de las exhibiciones caninas, otras razas también han dejado de ser de labor y han seguido los pasos de las mascotas.

Spaniel Cavalier King Charles

Tamaño:

32 cm

8 kg

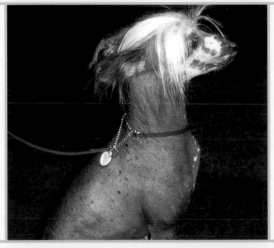

Es una de las mascotas más populares. En el siglo XVII, los pequeños spaniels de compañía se pusieron de moda en la corte del rey Carlos II de Inglaterra. Durante el siglo XIX, la selección modificó la cara del spaniel king Charles y la hizo más chata, pero a finales de los años veinte del siglo pasado se volvió al original y se bautizó spaniel cavalier king Charles a este tipo con la nariz más parecida al primigenio.

Temperamento: Amables y afectuosos, es fácil instruir a estos perros encantadores, alegres y minúsculos. Como cabe imaginar por su historia, son una buena compañía.

Ejercicio: Necesita ejercicio moderado.

Cuidados de aseo: El manto, largo y sedoso, es relativamente fácil de cuidar con la ayuda de un peine y un cepillo de cerdas.

Perro crestado chino

Tamaño:
Macho
33 cm
up to 5 kg

Hembra
30 cm
up to 5 kg

Muchos consideran que parece un perro extravagante, como diseñado para la era del espacio, pues no tiene nada de pelo en el cuerpo, sólo unas matas de pelo largo y sedoso en las extremidades. No obstante, y pese a que su apariencia podría recordarnos los perros orientales, esta raza ya fue descrita en la *Natural History of Staffordshire* de 1686.

Temperamento: Los perros crestados chinos son alegres y cordiales, les gusta estar con la gente y se apegan mucho a sus propietarios. Debido a su apariencia, los dueños caen a menudo en la tentación de mimarles, lo que puede provocar que se muestren irritables con los demás perros. (Como se ha dicho: "A pesar de su aspecto, sigue siendo un perro.")

Ejercicio: Necesita de un ejercicio mínimo, aunque le gusta pasear. En contacto con el aire libre, requiere protección solar en verano y un abrigo, que no sea de lana, cuando hace frío.

Cuidados de aseo: Hay que cuidarle la piel.

Chihuahua

Tamaño:
Macho
15–23 cm
1–3 kg

Hembra
15–20 cm
1–3 kg

Famosa por ser la raza más pequeña del mundo, su nombre se lo debe a un estado mexicano. Dicho eso, ¿se trata de un perro azteca (en la actualidad, hay muchas razas de perro pequeño en México) que se llevaron de allá los conquistadores o procede de un miniatura chino? Alrededor de 1880, los visitantes americanos se quedaron prendados de él y se lo llevaron a casa, y el registro de la raza data de 1903.

Temperamento: Estos perros perspicaces y llenos de vida parecen ignorar el hecho de que son pequeños. Muy apegados a sus dueños, son capaces de mostrar afecto, pero también celos. Los perros grandes no parecen intimidarles pero hay que tener en cuenta que estos perros tan minúsculos necesitan de cuidados especiales para evitar que resulten heridos. Cuando están excitados o tienen frío pueden temblar.

Ejercicio: Los chihuahuas no requieren de una práctica especial pero, ¡tampoco hay que llevarles en brazos a todas partes!

Cuidados de aseo: Ni los de pelo largo ni los de pelo ralo precisan de cuidados especiales.

Las alturas y pesos son únicamente a título orientativo. La altura se mide a partir de la cruz (véase páginas 10 y 11).

Aunque su aspecto no gusta a todo el mundo, los pugs son una de las razas históricas más populares. Ya eran muy famosos en el siglo XVII, aunque las teorías sobre sus orígenes van de los antepasados chinos hasta los rusos.

Temperamento: Destacan su buen talante y su sociabilidad. Los pugs tienen una naturaleza encantadora y cariñosa y suelen llevarse bien con los niños. Les gusta la compañía y les fastidia que les dejen al margen. Pueden ser muy determinados.

Ejercicio: Necesitan un ejercicio moderado y les gustan los juegos. No obstante, la forma chata de su cara los puede crear problemas respiratorios cuando hace calor. Los pugs acostumbran a ser fortachones y hay que controlarles el peso.

Cuidados de aseo: El pug requiere de un aseo moderado.

Pug
Tamaño:
25–28 cm
8 kg

Este perro está clasificado, según el American Kennel Club, como mascota; según el Kennel Club, como de utilidad, y los australianos lo consideran un perro no deportivo. Se cree que los lhasa apsos que salieron del Tíbet como regalos del Dalai Lama con destino a la corte china se cruzaron con los pequineses imperiales. El shih tzu resultante tiene una cara más chata que el perro tibetano, y le llamaban perro león de Lhasa. Desde su llegada a Occidente en la década de los años treinta del siglo pasado, esta raza se ha ganado una popularidad increíble.

Temperamento: Amable, amistoso, despierto e inteligente, el shin tzu es juguetón con sus dueños y responde bien a la instrucción. Si se les socializa a temprana edad, son cordiales con los extraños y los demás perros.

Ejercicio: Necesita ejercicio suave y regular y no es muy partidario de los paseos por el barro y con frío. Tiene el morro tan chato que le dificulta la respiración.

Cuidados de aseo: Exigentes, ya que su largo manto recoge barro y maleza durante los paseos. Su doble capa de pelo requiere cardados y cepillados habituales.

Shih Tzu
Tamaño:
Hasta 26,7 cm
5–8 kg

Normalmente, cuando inscriben a este perro tan pequeño y popular en las competiciones, lo peinan y cepillan bien el largo pelo y se lo enrollan para evitar que se enrede. Los yorkshire domésticos tienen recogidos de diario (arriba y a la izquierda), ¡pero también se les enreda el pelo! En el Yorkshire de tiempos de la reina Victoria, los pequeños terriers escoceses se cruzaron con los locales y produjeron este minúsculo aunque indómito perro ratero.

Temperamento: Los yorkshire son muy excitables y dados a ladrar. Aunque sean pequeños, atacan a los gatos y no se dejan intimidar por los otros perros. La socialización mejora su trato con extraños y perros desconocidos.

Ejercicio: Necesita muy poco ejercicio, pero ladra más cuando no lo practica. En general, a los yorkshires les basta con corretear diariamente.

Cuidados de aseo: Sus largos mechones de pelo recogen el barro durante el paseo. Hay que cepillarle a diario.

Yorkshire Terrier
Tamaño:
Hasta 23 cm
Hasta 3,1 kg

25

Razas obedientes

Se ha observado que los doberman pinshers, los pastores de Shetland, los caniches estándar y miniatura y los pastores alemanes muestran una conducta parecida en términos de una elevada obediencia a la instrucción. Asimismo, los especialistas han determinado que chow chows, galgos afganos, fox terriers, bulldogs ingleses, basset hounds y beagles tienen las puntuaciones más bajas al respecto.

Chow chows, galgos afganos y fox terriers obtienen también una puntuación elevada en muestras de dominio sobre sus propietarios, algo perfectamente coherente con su bajo nivel de obediencia. Otros perros que incurren también en intentos de dominio de sus propietarios son los terriers escoceses, los schnauzers miniatura y los huskies siberianos.

Por el contrario, y pese a lo que cabría esperar, los golden retrievers son la raza que menos resistencia muestra al dominio del amo. Entre las razas menos dominantes se cuentan los pastores de Shetland y los collies, que han sido criados y seleccionados para seguir las instrucciones de sus dueños, además de los spaniels brittany y los sabuesos.

Los schnauzers miniatura sólo superan a los golden retrievers por juguetones, pero son mucho más excitables. Los caniches estándar, que están entre los más fáciles de instruir, también son muy jugue-tones, pero sólo moderadamente excitables. La elevada obediencia, junto a la baja reactividad y agresividad de los golden retrievers, la comparten también los labradores retrievers, los vizslas o bracos, los spaniels brittany, los collies, los terranovas y los pointers alemanes de pelo corto.

De entre los perros con una elevada capacidad de obediencia e instrucción, los pastores alemanes, los akitas, los rottweilers y los doberman pinshers son de baja reactividad pero potencialmente muy agresivos, por lo que constituyen buenos perros policías y mili-tares. Para encontrar tal grado de adoctrinamiento, combinado con una agresividad moderada, los perros reactivos más pequeños son los que obtienen mejor puntuación: pastor de Shetland, bichón frisé, welsh corgis, shi tzus y caniches miniatura y estándar.

A mediados del siglo XX, John Scout y John Fuller compararon sis-temáticamente basenjis, beagles, cocker spaniel americanos y fox terriers de pelo liso. Observaron que la capacidad para responder con éxito dependía del tipo de instrucción, del tipo de tarea y de las distintas características raciales. También descubrieron que el temperamento emocional de cada una de las razas influía de modo determinante en el resultado de las pruebas y tareas.

Border collie

Carácter individual

Las determinantes raciales son sólo indicaciones. La crianza, entorno, relación con su propietario, instrucción anterior y genética racial son lo que conforma su individualidad en obediencia y carácter.

¿Existen razas más dominantes que otras?

26

Hay que tener en cuenta el nivel de obediencia de cada raza a la hora de escoger entre ellas, dado que la mayor parte de los problemas de dominio son debidos a la ineficacia de los esfuerzos del dueño por controlar al perro. Hay que plantearse, en términos muy realistas, si seremos capaces de desempeñar el papel de líder benigno, aunque firme y claro pues, de lo contrario, es una temeridad optar por una raza considerada dominante, como por ejemplo el chow chow (a la derecha).

Si se comprende y refuerza adecuadamente la buena conducta de su perro durante la instrucción, cualquier perro estable de raza reconocida es razonablemente adiestrable. Aunque eso no altera la realidad de que existen perros más dominantes que otros, cuya conducta puede trazarse a partir de componentes genéticos de su raza.

Hay que ser realista con la elección, y recordar que, durante sus dos primeros años de vida, son más los perros que mueren debido a que sus "problemas de conducta" les ponen en situaciones de riesgo que en accidentes de tráfico o como consecuencia de enfermedades. La mayoría de dichos problemas son fruto de una instrucción deficiente, y normalmente fruto de la incapacidad del propietario de controlar a un perro dominante o agresivo. Los hogares en que el perro es más dominante que todos los humanos que viven en él son incómodos y, probablemente, inseguros.

Para evitarlo –y partiendo de una elección mejor informada, en primer lugar, acerca de la raza que más nos conviene–, vale la pena dedicar el tiempo necesario a un buen programa de instrucción que asegure que el perro va a confiar en usted como líder.

¿QUÉ CLASIFICACIÓN TIENE SU PERRO?

Los renombrados conductistas caninos Benjamin y Lynette Hart, y criadores como el doctor Daniel Tortora realizaron una consulta entre jueces de obediencias y veterinarios de la que ha salido una calificación comparativa:

Puntuación baja en obediencia a la instrucción	**Puntuación alta en dominación**
Chow chow	Chow chow
galgo afgano	galgo afgano
fox terrier	fox terrier
bulldog inglés	terrier escocés
basset hound	schnauzers miniatura
beagle	husky siberiano

Puntuación alta en obediencia a la instrucción	**Puntuación baja en dominación**
Doberman pinscher	Golden retriever
pastor de Shetland	pastor de Shetland
caniche estándar	collie
y miniatura	spaniel brittany
pastor alemán	sabueso

El dominio de los perros sobre sus dueños es sólo un aspecto de su potencial agresivo, que se puede traducir en una conducta agresiva hacia otros perros y personas y en una actitud de defensa territorial, y éste es un aspecto crucial que influye en la instrucción. Algunos perros, como los pastores alemanes, los doberman pinschers y los rottweilers, tienen potencial agresivo especialmente elevado, pero pueden dar excelentes resultados si están en buenas manos. En el espectro contrario, perros que muestran niveles bajos de agresión generalizada, como los bulldogs ingleses, los basset hounds y los viejos pastores ingleses, ¡también reaccionan poco a la instrucción!

Huskies siberianos

La regla de oro: los cuidados básicos son sagrados
Si su perro le está creando problemas de dominación, la clave para resolverlos es una instrucción adecuada, especialmente cerciorándose de que los cuidados básicos están asegurados.

27 Perros mordedores

Las perreras, los refugios y los veterinarios se han convertido en el vertedero adonde se llevan los perros que muerden. Hoy por hoy, estos lugares reflejan la situación de fracaso conductual que la falta de hábito, una instrucción inadecuada y una conducta inapropiada por parte de los dueños hacia sus perros ha terminado creando.

Según estudios recientes realizados en Estados Unidos, en la ciudad de Baltimore se registraban unas 7.000 mordidas de animales, 6.800 de perro. En Pittsburg, de los 1.000 mordiscos de perro anuales, el 39% eran en las piernas, el 37% en los brazos y el 16% en la cabeza, cara y cuello.

Otro estudio reciente determinó que el 91% de los mordidos por un perro en el hogar no visitan al médico. Y es un buen índice, porque significa que la mayoría de los mordiscos nos son físicamente demasiado graves, aunque sí son preocupantes porque significa que, en general, ignoramos el verdadero alcance del problema.

¿Qué debe hacer si su perro es agresivo con la gente y les marca con los dientes o, directamente, se altera hasta el punto de morderles? La acción número 1 de la American Dog Trainers Network es: "Quitarse las gafas de color de rosa." Efectivamente, es un buen consejo, porque la primera reacción de la mayoría de dueños es entrar en un proceso de negación y fingir que no ocurre lo que está ocurriendo. Si tiene un cachorro, asegúrese de socializarle debidamente; si el que ha mordido es un perro adulto, consulte la sección acerca de la agresividad con las personas en las páginas 100-102.

Sea consciente de que la consecuencia de que su perro muerda a alguien puede ser que le condenen a una muerte por eutanasia.

La mayoría de mordiscos se dan en los miembros de la familia, amigos y vecinos, y dichos episodios de agresividad pueden producirse por una gran variedad de motivos. La estimación de mordiscos en Estados Unidos va de 500.000 a 5.000.000 anuales, aunque sólo se tiene constancia legal de 1.000.000. Las muertes anuales atribuibles al mordisco de un perro son de 12 a 15.

La gravedad de las mordidas de un perro puede ser muy variable, va del mordisco leve y cohibido de un cachorro a las escasas ocasiones en que comporta la muerte. Por ello, son muchos los dueños que no saben detectar cuándo llega el momento de pedir ayuda porque el perro muerde. Es normal que los cachorros mordisqueen las cosas, incluidas las manos de alguna persona, pero cuando les crecen los colmillos hay que corregirlos. Basta con una exclamación aguda para que comprendan el límite requerido. Si existe alguna duda, es recomendable consultar a un instructor canino o a un conductista para que realice un reconocimiento del animal.

Las amenazas o los castigos que les inflingimos a los perros que intentan hacerse con el dominio pueden encontrarse con un ataque en forma de mordisco. Si su perro le muerde en calidad de agresión por el dominio, tendrá que buscar consejo profesional para neutralizarle (véase página 77).

Es fácil resultar mordido por agresión indirecta si se interviene en una pelea entre dos perros, o que otra persona o perro resulte mordido por un perro que defienda su hogar de los intrusos y su agresión se redirija a otros. Los mordisqueos juguetones desprovistos de agresividad en un inicio pueden escalar hasta algo de mayor importancia, y la incomprensión de los signos y la situación por parte del perro o del propietario también pueden tener esa consecuencia funesta. Los mayores malentendidos suelen darse cuando el perro se muestra cauto o receloso, porque el mordisco de miedo puede surgir en calidad de último recurso del perro cuyos signos claros de sumisión han sido ignorados (véase páginas 26-29).

Bull Terrier Staffordshire

Razas que muerden

Los perros más susceptibles de morder son el pit bull terrier, el chow chow, los pastores alemanes, los doberman y los rottweilers.

Seguridad de los niños

Los especialistas han clasificado las razas en relación a la seguridad de su trato con los niños y el resultado es que los menos problemáticos son los leales golden retriever y el popularísimo labrador retriever. Los terranovas, sabuesos, basset hounds y collies también son potencialmente tranquilos.

Boxer

Se considera que la raza más reactiva y problemática con los niños son los pequeños pomeranian, seguidos de muy cerca por los yorkshire terriers, que, ciertamente, son famosos por la rapidez y agresividad de sus respuestas. Los chow chows tienen una puntuación baja, igual que los terriers blancos de las tierras altas, los schnauzers miniatura y los terriers escoceses.

En un estudio realizado en Baltimore, el 60% de la gente mordida tenía menos de 15 años, a pesar de que es un grupo de edad que constituye apenas el 30% de la población. Las estadísticas elaboradas en otras ciudades arrojan cifras coincidentes. El grupo de edad que mayor riesgo corre de ser mordido por un perro son los niños de entre 5 y 9 años, y los niños el doble que las niñas. La mayoría de los episodios ocurren cerca de la casa del propietario. Se ha determinado que el 66% de los ataques habían sido provocados directamente por la víctima o por el niño jugando, y el resto, aparentemente, no eran explicables como respuesta a una provocación. Para trazar una perspectiva, alrededor del 1% de los niños que ingresan en urgencias médicas requiere tratamiento por la mordida de un perro.

Estas cifras subrayan dramáticamente la necesidad de que los propietarios no sólo tengan presente que hay que instruir al perro y mantenerle bajo control sino, además, que demuestren que el perro les ve como al líder de la manada y actúa en consecuencia. Sin embargo, cuando estamos fuera de su campo visual, el perro no está igual de inhibido por nuestra presencia, y ese lobo domesticado que vive con nosotros afirma su rango. El auténtico problema reside en los hogares donde los adultos humanos no tienen un control adecuado del perro o los perros, por lo que los animales asumen el papel dominante sobre los adultos. Dado que el rango de los niños es mucho menor, son los que corren el mayor riesgo.

Existen dos razones por las que las criaturas, especialmente los niños, son los que mayor peligro tienen de ser mordidos. Una es que los niños, especialmente los chicos, pasan mucho más tiempo jugando con los perros que los adultos, y en el fragor de la competición en el juego de la pelota, por ejemplo, intentan quitarle el balón de la boca al perro. La segunda es la ambigüedad de su posición en el hogar. Los perros no observan la misma autoridad en los niños que en los adultos: son menores de tamaño, acostumbran a tumbarse en el suelo y tienen el timbre de voz más agudo que los mayores.

Si, jugando, un niño ve motivos de preocupación en la conducta de un perro, debe levantarse del suelo, con lo que aumentará su dominio y disminuirá el riesgo de que le muerda. No es de extrañar que los niños de hasta 4 años reciban casi siempre el mordisco en la cara. Cuando se hacen mayores y crecen, las posibilidades de que les muerdan son mucho menores.

Reducir los riesgos

- No hay que dejar a los niños a solas con un perro, especialmente si se trata de un grupo de perros.
- Hay que enseñar a los niños a comportarse segura y adecuadamente con los perros.
- Hay que asumir la responsabilidad de que exista una relación apropiada entre los perros de un hogar.
- Hay que cerciorarse de que todos los perros estén socializados e instruidos.

Razas 51

Rasgos caninos

La nariz

Cuando las moléculas de los olores quedan atrapadas por la humedad y se trasladan a los puntos de detección, el valor que cobra para un perro tener la nariz húmeda y el hocico largo es comprensiblemente incalculable. Y explica, además, el misterio de por qué los perros sanos se caracterizan por tener la nariz húmeda. Razas como la de los sabuesos tienen esos rasgos exagerados en una nariz larga y ancha. Los humanos explotamos el sentido del olfato del perro en multitud de funciones que van de la detección de droga a la búsqueda de trufas.

Se llama rinarium (o trufa) a la parte externa de la nariz, de color negro y húmeda. La cavidad nasal está dividida por el septo nasal, dentro de cada una de sus cámaras hay unas láminas de hueso y cartílago llamadas turbinales, que son como las aletas de un radiador cubiertas de una membrana. En la familia canina los turbinales están dispuestos en complicados pliegues que amplían la superficie de esa área: cuando inspiran el aire, éste se calienta y humedece cuando pasa a través de esas láminas. La membrana que contiene las células olfativas no se halla a lo largo de la nariz sino detrás de ella, y recibe el aire una vez que se ha calentado.

La cavidad nasal de las distintas razas varía drásticamente entre los perros de cara chata (braquicefálicos) como los pequineses o los bulldogs ingleses y los de nariz larga (o dolicocefálicos), como los lebreles o los borzois. Desgraciadamente, las distorsiones de los agujeros de la nariz de los braquicefálicos impiden que se dilaten cuando respiran: puede llegar al extremo de que no consigan inhalar y tengan que respirar por la boca (véase Problemas Heredados, página 126).

El significado que tienen los olores para un perro en comparación con nosotros se ve reflejada en la capacidad del perro para detectar olores en concentraciones muy bajas. Mientras que los humanos podemos detectar entre 4'5 y 10 molares, los perros pueden reaccionar ante olores de concentración molar mucho más baja, de 10 a 17. Se ha observado que tiene distintas sensibilidades de detección ante los distintos componentes moleculares de los olores.

La increíble facilidad de los perros para detectar e identificar un olor específico entre muchos otros quedó subrayada recientemente en un informe preliminar a un estudio realizado en California en primavera de 2006. En él se señalaba que perros instruidos para ello han obtenido muy buenos resultados en la detección de pacientes con cáncer de pulmón oliéndoles el aliento, pero no son tan hábiles con el cáncer de mama. Esta sorprendente habilidad detectora del perro se produce gracias a las células receptoras de la membrana nasal que perciben los distintos olores, de tal modo que, para cada olor específico se utiliza un grupo distinto de receptores olfativos.

Los perros utilizados en las ruedas de reconocimiento de la policía para identificar a los criminales a partir del olor dejado en la escena del crimen tienen una eficacia del 75%, mientras que cuando siguen el rastro de alguien campo a través, aciertan en un 93/100% de los casos.

Los perros son capaces de identificar olores sexuales, y es a lo que se dedican cuando saludan y se presentan ante otros perros. Dicha facilidad la tienen también con otras especies: se ha comprobado que aciertan en un 80% al detectar el celo de las vacas, ¡y todos sabemos de sus costumbres a la hora de oler a los visitantes humanos en busca de información!

Los perros interpretan los olores sexuales a través de un órgano detector de olores separado, el órgano vomeronasal o de Jacobson, localizado en el cielo del paladar, en la sección interna del septo nasal. Si ve a su perro con la boca ligeramente abierta y expresión reconcentrada, es que está utilizando ese órgano.

Perro cruzado

Esa nariz tan poderosa

Si la membrana olfativa de una nariz humana es de unos 3 cm cúbicos, se comprende la importancia que tiene el sentido del olfato para un perro si decimos que la de los perros puede llegar a tener 130 cm cúbicos, según la raza. Algunas tienen muchas más células sensoriales: por ejemplo, los pastores alemanes tienen casi el doble que los terriers, y 45 veces más que los humanos.

Muchos dueños piensan en sus perros como animales meramente diurnos pero, pese a que no alcanzan el grado de especialización nocturna de los gatos, los perros tienen buena vista tanto de día como de noche.

Dandy dinmont terrier

RAZAS CON POSIBLES PROBLEMAS EN LOS OJOS

Cocker spaniel inglés, husky siberiano, pequinés, dachshund miniatura de pelo largo, pastor de Shetland, border collie, labrador retriever, rough collie y collie de pelo corto, golden retriever, springer spaniel inglés, briard, elkhound, setter irlandés, caniche estándar, mascota y miniatura, galgo afgano, chow chow, shar pei, terrier Jack Russell, pastor alemán, terrier blanco de las Tierras Altas, spaniel cavalier king Charles, schnauzer miniatura, bull terrier Stafforshire, boston terrier, cocker spaniel americano y otros.

Como buenos animales cazadores, tanto el lobo como su descendiente, el perro, tienen los ojos mirando hacia el frente. Dependiendo de la raza, los ojos de los perros tienen un área de visión binocular dentro del campo visual en que sus ojos se superponen en un radio de 16 a 60º. La cantidad de visión superpuesta entre los ojos es lo que les hace binoculares y les permite calibrar mejor la profundidad de campo y, para el animal que caza, detectar a su presa. El perro tiene, de por sí, una visión excelente, con los ojos frontales de un cazador que le proporcionan una buena profundidad de campo visual.

Los problemas de visión de herencia genética entre los perros son abundantes y relativamente comunes entre los de determinadas razas; eso es algo que también deben de tener en cuenta los propietarios potenciales. No se limite a enamorarse de un cachorro porque es "mono". Compruebe que los criadores tengan el certificado pertinente que demuestre que el cachorro no sufre ningún problema heredado en los ojos. Además, las razas de cara chata suelen tener problemas de obstrucción del conducto lagrimal (nasolagrimal) congénitos, y las lágrimas les surcan la cara en lugar de filtrarse por su nariz.

Los párpados no sólo actúan como protectores del ojo ante la luz sino también de otras lesiones, bañándolo con una capa de lágrimas que elimina las partículas de suciedad. El tercer párpado, conocido también como membrana nictitante, actúa como persiana protectora que se cierra lateralmente, debajo de los párpados, en situaciones de peligro para el ojo. Se puede observar cómo sobresale por la parte interna del ojo. Las lágrimas salen del lagrimal o glándula lacrimal localizada debajo del párpado superior, tiene además otro lagrimal, más pequeño, en la base del tercer párpado.

Igual que en una cámara, el iris, el redondel coloreado del ojo que rodea la oscura obertura central, o pupila, cumple la función del diafragma al controlar la cantidad de luz que entra en el ojo. Su tamaño no sólo se ve afectado por la cantidad de luz externa, sino también por el estado de ánimo del perro: si tiene miedo, la pupila se dilata para proporcionarle una mejor perspectiva periférica, lo que le permite anticipar un ataque lateral. Si el perro está agresivo o dispuesto a atacar, la pupila se encoge, su visión es más precisa y mejora su profundidad de campo.

Cuando la luz entra en el ojo se concentra en la retina mientras pasa a través de la lente. Los perros tienen más bastones que conos fotorreceptores en la retina, por lo que sacrifican la recepción de los colores durante el día en bien de una buena visión crepuscular o nocturna.

31 Las orejas

Los perros tienen una frecuencia auditiva más amplia que los humanos y su captación de los sonidos agudos ha constituido la base de la utilización de los "silbidos" de los pastores. Sin embargo, puede que los propietarios de perros, y los mismos pastores, se sorprendan al saber que los gatos son aún más finos captando frecuencias elevadas de sonido. La audición del perro es óptima en una frecuencia de 200 a 15.000 Hz. pero, si es lo bastante fuerte, puede oír incluso sonidos por debajo de los 20 Hz.

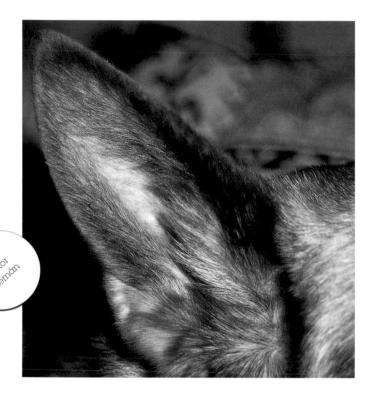

Pastor alemán

ses, los dálmatas, los terriers Jack Russell, los terriers airdale, los spaniels, los basset hound y los sabuesos. Se ha reducido su capacidad para enfocar el pabellón auditivo con el fin de analizar un sonido, aunque la mayoría de los perros conserva la capacidad de mover las orejas, basada en un sistema de 17 músculos. Los perros de orejas tiesas pueden centrar su atención en la fuente del sonido con un radio de 4° de movimiento del pabellón auditivo. El hueco que crean unas orejas tiesas es el responsable de un sonido llamado reflejo de Prever, pero a niveles menores a los 8.000 Hz deja de ser tan fiable.

Así como los pabellones auditivos de estas razas que necesitan de un buen oído están erectos, tener las orejas caídas puede malinterpretarse como una conducta de sumisión. Las orejas caídas no sólo constituyen un problema en el sistema de señales de los perros, además son un riesgo de acumulación de cera y de otitis externa, lo que hace que se rasquen las orejas, se les inflamen y tengan molestias.

Se puede considerar que el oído de un perro tiene tres partes: la parte visible, el pabellón y el oído interno. El oído externo (oreja) lleva la vibración del aire hasta el tímpano, pasa a través de los tres huesos del tímpano interno y las ondas del sonido llegan hasta el oído interno. Ahí atraviesan una espiral llena de fluidos llamado cóclea, en la que los receptores de vibraciones transmiten las señales a los nervios del cerebro. Dentro del oído interno se hallan también unos canales semicirculares llenos de fluidos que detectan la posición del perro y le proporcionan el equilibrio. Para un animal que corre tanto, un agudo sentido del equilibrio es un bien valioso.

Tener buen oído era crucial para los ancestros lobos cazadores del perro, y las razas que se han ido seleccionando para exagerar la dependencia del oído han conservado las orejas tiesas, por ejemplo los huskies, bansenjis, pastores alemanes, collies y corgis. Pese a ello, se ha criado a la mayoría de las razas con las orejas caídas, incluidos los mastines, los viejos pastores ingle-

Basset hound

Clara indicación de que, entre los carnívoros, la familia canina es más carroñera y está más preparada para adaptarse a cualquier otro tipo de alimentación que la canina es, ¡lo mucho que les gustan las golosinas a los perros!

Pastor alemán

La lengua de un perro está cubierta de papilas, protuberancias, algunas de las cuales albergan terminaciones nerviosas especializadas llamadas "papilas gustativas". Cuatro pares de glándulas salivales conducen la saliva hasta la lengua y la boca, donde no sólo lubrican la comida e inician el proceso digestivo, sino que también reavivan el sabor de la comida seca. En la lengua de un perro existen fibras receptoras que responden a lo dulce, amargo, ácido y a la sal. Los perros son carnívoros omnívoros, mientras que los gatos, que son carnívoros obligados, muestran muy poca pasión por lo dulce.

Los cazadores que se alimentan de sus presas no han estado expuestos a los sabores dulces, y lo dulce de la naturaleza queda restringido a la fruta en su punto de maduración, la miel de los panales y los ricos néctares de algunas especies de flores. Los lobos comían bayas, pero no constituían una parte significativa de su dieta. Los chacales son carroñeros que, además, comen la fruta del tiempo, y son famosos como saqueadores de cosechas de fruta. Los coyotes y los zorros se alimentan de carroña y no desprecian la fruta del tiempo; en otoño, incluso puede constituir su principal fuente de alimento.

LA PUERTA DEL GUSTO

El acceso al sistema digestivo es por la boca, y el gusto es la llave de esa puerta. Permite la entrada de la comida preferida y se la impide al resto.
Las toxinas de la comida pueden ser amargas, y los perros son muy sensibles a ese sabor. Las papilas que detectan lo dulce, y que se hallan en la parte posterior de la lengua, reaccionan positivamente a los azúcares naturales. Los edulcorantes artificiales, como la sacarina, tienen un regusto amargo que hace que los perros los eviten. Las papilas gustativas de los perros favorecen los aminoácidos y los nucleótidos, ambos componentes de la carne.

La sal es importante para la vida: la mitad de los receptores gustativos de la cabra son para detectarla.
Comparativamente, sin embargo, los perros tienen baja detección de sal porque, en tanto que carnívoros, su dieta contiene un equilibrio natural de sal. A medida que el perro se va haciendo mayor, sus papilas gustativas pierden sensibilidad.

El gusto del perro prefiere la carne a los vegetales, y la discriminación entre los distintos tipos de carne depende del olor y el sabor: prefieren el buey al pollo. Les gusta la comida grasa, pero no la grasa rancia.
En los perros, se puede comprender su aversión a determinados sabores en términos de respuesta condicionada: si alguna vez el perro ha enfermado comiendo algo, lo evita.

Si su perro pierde el apetito cuando no se encuentra bien, caliéntele un poco la comida, pues le ayuda a apreciar su sabor y olor.

33 Dieta

Aunque los perros son carnívoros, no les disgusta una dieta parecida a la nuestra, pero con más proteínas: un equilibrio entre proteínas, carbohidratos y grasas, además de vitaminas (A, grupo B, D y E), minerales, fibras y, naturalmente, agua.

Bóxer

Agua

Un perro pequeño, un pequinés o un papillon, necesita una ingesta de agua (aparte de todo lo que come y bebe) de unos 200 ml al día; un perro mediano, como un setter irlandés o un golden retriever, necesita unos 1.200 ml; y un perro grande, tipo san bernardo, beberá, como máximo, 2 l. Todos los perros necesitan más agua cuando hace calor.

Es bastante fácil proporcionarle una dieta razonablemente equilibrada a nuestro perro en casa, pero la comida para perro que se comercializa está equilibrada en nutrientes y tiene la ventaja de ser cómoda y de que contiene el equilibrio correcto de vitaminas, minerales y otros componentes. La comida que dice ser "completa" no requiere que le añadamos galletas que alteran el equilibrio proteínico, aunque la carne enlatada para perros, sí.

Intente combinar la cantidad de comida que le da a diario a su perro para que mantenga el peso ideal para su raza. Si utiliza comida comercializada, siga las indicaciones que le den. Recuerde que la comida deshidratada y semideshidratada no contiene la misma cantidad de agua que la comida enlatada. Además, la comida semideshidratada no tiene tanta agua como cabría esperar comparada con la comida deshidratada. La comida enlatada completa tiene el doble de volumen que cualquier otra, déficit que el perro compensará bebiendo agua. En líneas generales, es aconsejable darles sólo el 40% del peso de una cantidad correcta de comida enlatada completa. Si se aplica la misma cantidad a comidas con niveles reducidos de agua, el perro engordará rápidamente. Los perros no logran digerir completamente las proteínas vegetales de modo que, mezcladas con un exceso de agua, pueden crear problemas digestivos.

COMIDA Y CONDUCTA

Si usted, o alguien de su familia, tiene la costumbre de darle comida al perro cuando están en la mesa, el animal puede llegar a constituir un problema, y a mostrarse exigente y molesto. Éste es uno de los factores que más socavan nuestra capacidad de controlar al animal en tanto que dueños, y acentúa la problemática de los perros dominantes.

Pasarle comida al perro constantemente es perjudicial para su capacidad de control de sus hábitos higiénicos. Puede constituir incluso el motivo por el que su perro se ensucie cuando no toca.

Alimente sólo a su perro durante los momentos especificados, y déjele sólo la comida durante unos 20 minutos. Eso le incentivará a comer cuando toca. Su digestión tendrá un tiempo regulado y, como consecuencia, también tendrá que evacuar puntualmente. Intente determinar la hora en que come y, por lo tanto, la hora en que evacuará, y haga que coincidan con el momento en el que normalmente podrá sacarle a pasear.

La dieta es otra de las manifestaciones de la conducta en manada de los ancestros del perro: sus predecesores, los lobos, tenían que comer rápido para consumir la comida antes de que el resto comiera su parte. Por este motivo, no caigan en la tentación de sobrealimentar a su perro si se acaba el contenido de su plato en un instante y les pide más, ya que pueden crearle problemas de obesidad (véase página 137).

El sistema digestivo de los perros descompone la comida y el agua consumida y las convierte de proteínas complejas, carbohidratos y grasas en componentes moleculares que tengan la forma y el tamaño adecuado para que el cuerpo los absorba.

La digestión comienza con los dientes: a ambos lados de la boca, los perros tienen colmillos, premolares y molares que mastican y desgarran. Los incisivos frontales son para cortar la carne que está junto al hueso de manera precisa y en pequeños movimientos. Una dieta de comida blanda, que no hay que masticar, puede provocar la aparición de sarro. No obstante, masticar galletas duras y piezas de cuero sin curtir les ayuda a prevenir la acumulación del sarro.

Es aconsejable introducir gradualmente al perro al uso de un cepillo de dientes. El mayor motivo de la pérdida de dientes entre los perros son las enfermedades periodentales debidas a la placa y las bacterias, que van acompañadas de mal aliento o halitosis, y de babeo.

Las encimas que contribuyen a la fragmentación de la comida exudan de distintas partes del sistema digestivo, empezando por las glándulas salivares de la boca, donde el almidón (enzima) comienza la digestión de los carbohidratos. Los jugos gástricos del estómago siguen el proceso hasta que la comida llega al intestino delgado y, ahí, otras enzimas continúan con las proteínas, carbohidratos o grasas. La bilis de la vesícula emulsiona las grasas para que la pared del intestino pueda absorberlas.

El bolo alimenticio se traslada de la boca del estómago a lo largo del intestino delgado gracias a la acción de los músculos peristálticos. Las proteínas se convierten en aminoácidos y los carbohidratos en azúcares. Estas moléculas diminutas se absorben fácilmente en el intestino delgado a través del agua. El intestino gordo absorbe el agua.

Los cachorros que están compitiendo entre ellos pueden llegar a ingerir hasta un 50% más que cuando comen solos; sin embargo, como se menciona anteriormente, esta tendencia de los perros a comer más de lo que necesitan –por el simple hecho de que tienen comida a la vista– puede crearles problemas de peso. Dicho esto, los perros tienen reacciones a la comida que usted puede controlar: los perros que están en un entorno cálido comen menos que los que tienen frío, comerán menos si les da de comer en una habitación caldeada. El régimen estricto debe consistir en no darle nunca de comer mientras estamos en la mesa, no servirle los restos además de su comida habitual ni dejarle picar. Será beneficioso no sólo para el peso del perro sino también para su sistema digestivo.

PROBLEMAS DIGESTIVOS

La diarrea es muy común en los perros: normalmente la causa es la ingesta de comida en descomposición, y no les dura más que unos días. Otras causas van desde los venenos hasta el potencialmente letal parvovirus canino, que provoca la aparición de sangre en las heces acuosas y debe ser tratado rápidamente por el veterinario. Una forma más crónica de diarrea acompañada de una pérdida gradual de peso puede ser debida a un mal funcionamiento del páncreas. Con todo, el tipo de comida que le da al perro suele ser el causante de la diarrea. Pruebe con un cambio de dieta.

Los episodios de gastritis aguda simple son frecuentes en los perros, en buena parte debido a que les atrae la comida corrupta y comen heces y huesos; en consecuencia, vomitar es una válvula de seguridad que no sólo alivia al perro sino que, en ocasiones, le salva la vida. Cuando los cachorros vomitan, normalmente es debido a un reflejo provocado por la ocultación inexperta de la comida; reminiscencia de cuando las manadas encontraban comida y los perros entraban en competencia entre sí. En los perros adultos, sin embargo, no hay que dar por sentado que vomitan la comida corrupta. Si le inquieta este aspecto, consulte con su veterinario.

A los perros les gustan tanto las cosas dulces que las comen en exceso. No le de pastel... que el perro esté obeso es más culpa suya que de él.

Cavalier Charles king spaniel

35 Actividad

La necesidad de ejercicio de un perro varía mucho. Los sabuesos y los perros cazadores suelen comer abundantemente para poder correr durante largas distancias, y cuando no están muy activos pueden ganar peso fácilmente. Los terriers son muy activos y no acostumbran a engullir, lo que contribuye a su longevidad. El grupo de los perros de utilidad constituye un cajón de sastre del que es difícil extraer un modelo. Las razas de trabajo son muy laboriosas y les gusta moverse y cargar pesos. Los perros mascotas son pequeños y comen poco, pero pueden ser muy activos.

El conductista y veterinario Benjamín Hart de la Universidad de Davis, California, ha elaborado una calificación comparativa de los niveles de actividad de las 56 razas más frecuentemente registradas en el American Kennel Club. La calificación se divide en 10 grupos, o deciles, de actividad creciente. Los grupos con mayor y menor actividad respectivamente son:

Menor actividad: basset hound, sabueso, bulldog, terranova, collie, san bernardo.

Mayor actividad: terrier blanco de las tierras altas, terrier irlandés, fox terrier, schnauzer miniatura, chihuahua, silky terrier.

El basset hound de piernas cortas, que se distingue por ser el menos activo de los perros populares, tiene un parecido facial con el siguiente de la lista, el sabueso, porque una raza es "progenitora" de la otra. Hijo del pintor victoriano, sir Everett Millais cruzó al basset francés con el sabueso en el primer caso registrado de inseminación artificial en perros.

En otro estudio Lynette y Benjamín Hart contrastaron nueve características particulares relacionadas con los bajos niveles de actividad del basset con las mismas características del schnauzer miniatura, del grupo con mayores niveles de actividad, con una diferencia del 1 al 10. A partir de los resultados que arroja la tabla anexa es fácil ver las diferencias metabólicas y conductuales que existen entre ellos.

Chihuahua y basset hound

Características	Basset hound	Schnauzer miniatura
	1	10
Actividad	1	10
Excitabilidad	1	10
Reacción a los niños	4	10
Exceso de ladridos	1	10
Defensa territorial	3	10
Dominio sobre el dueño	4	10
Agresividad con los perros	1	10
Juguetones	2	8

Control de temperatura

"¡Oh, está como una cabra! ¡Corre de arriba abajo como enloquecido y, de pronto, se desploma y jadea como una máquina de vapor!". Este comentario exasperado aunque cariñoso con que un dueño describía el tono vital de su perro resume perfectamente el modo en que el perro vive el control de temperatura.

Los mamíferos son homotérmicos –retienen y controlan el calor corporal de modo que les permita optimizar su metabolismo– a diferencia de los reptiles "de sangre fría", cuya actividad queda determinada por la temperatura ambiente. Las distintas especies de mamíferos tienen mecanismos distintos para tratar una necesidad común: los humanos somos, por naturaleza, animales desnudos con poco pelo para retener el calor pero, en cambio, tenemos muchas glándulas sudoríparas, que nos ayudan a refrescarnos mediante la evaporación del sudor. Nuestra historia primitiva tuvo lugar en climas cálidos donde perder el pelo fue de suma importancia, aunque no retenemos bien el calor.

En contraste, tanto perros como gatos tienen un manto de pelo, pero el gato es un buen *sprinter,* y su estrategia para no calentarse demasiado consiste en no correr durante mucho rato. El perro, sin embargo, es un corredor de largas distancias y, por lo tanto, conserva menos el calor. Los perros tienen un excelente fluido de riego sanguíneo hacia la musculatura, lo que evita que se forme el ácido láctico y los enemigos del corredor, los tirones. La sangre rica en hemoglobina que circula por los vasos sanguíneos aporta oxígeno y elimina el dióxido de carbono y el ácido láctico.

Los perros no sudan debajo del manto, pues eso provocaría una dramática caída del pelo. La única zona cutánea donde sudan son las bases de las patas. Lo que sí hacen es jadear, lo que les refresca porque liberan calor. Sin embargo, los capilares de su piel sí se dilatan, como los nuestros, para radiar el calor. Consecuentemente, los perros que tienen el manto de pelo más espeso son los que más problemas presentan para liberar calor.

Por todo ello, los perros grandes, voluminosos y cubiertos de un manto espeso son los más proclives a padecer los efectos del calor provocados por el ejercicio vigoroso o por haber quedado atrapados en un entorno caliente, como por ejemplo en el interior de un coche expuesto al sol. Los perros son vulnerables a las altas temperaturas y a los golpes de calor, y los perros gordos sufren especialmente, lo que constituye una razón más para impedir que estén obesos.

Jadear a menudo con el fin de refrescarse parece un contrasentido, ¡ya que la misma acción da calor! Aunque, como ese jadeo con ritmo de locomotora tiene la misma frecuencia de resonancia que los pulmones, se utiliza menos energía. Mientras el perro disponga de agua, jadear es un mecanismo eficiente, incluso cuando el tiempo es cálido, cuando el aire entra por la nariz y el calor desaparece, inicialmente, con la evaporación.

Rottweiler

Perros calientes

Los perros operan naturalmente a una temperatura mayor a la nuestra: nuestra temperatura corporal óptima es de 37°, mientras que la de un perro es 38'6°. En general, los perros más grandes y rollizos retienen más el calor que los pequeños y esbeltos, que son mejores radiadores y tienen un índice mayor de área de superficie en relación al volumen.

Perros contra gatos

En su calidad de carnívoros, los perros y los gatos comparten pocas características, como sus bajos niveles de detección de sal. Además, ambos son incapaces de enfocar la vista cuando el objeto está muy cerca. No obstante, en tanto que cazador solitario el gato es especialista, mientras que el perro, que caza en grupo, es un generalista. El perro, eslabón de la maquinaria de la manada, no ha sentido la presión selectiva que le llevará a especializarse (pese a que la presión selectiva ejercida por los humanos sí ha desarrollado razas selectivas).

Perros y gatos salvajes en Tailandia

Los perros comparten con los lobos la resistencia que les permite correr hasta cobrar la presa. Y con los gatos, que son corredores veloces, comparten una reducción de los huesos del cuello que les permite una posición móvil de las escápulas que, a su vez, extiende su zancada cuando tiene que alcanzar a la pieza. La mayoría de los carnívoros tienen una fíbula móvil, especialmente los gatos, pero no los perros. Los canidae son cursoriales: mueven los tobillos en un plano igual que un gozne y no realizan ningún movimiento flexible lateral. La parte inferior de la fíbula está poderosamente articulada con la tibia, que le proporciona estabilidad a expensas de la flexibilidad. Eso le permite correr durante mucho rato al perro, pero le impide trepar. Un perro puede ser veloz persiguiendo a un gato, pero si éste se sube a un árbol está salvado: el perro no puede alcanzarle.

Las pequeñas clavículas de la mayoría de los carnívoros no son una de las características de la familia de los perros: el perro no las necesita porque no hace rotar sus patas delanteras. La escápula de los gatos, que sí trepan, tiene forma de abanico para una mayor sujeción de los músculos, pero para los perros, corredores, es más eficiente tener las escápulas estrechas y largas, que alargan su zancada.

Comparado con el mecanismo protráctil de las garras del gato, muy especializado, la falta de flexibilidad de las patas del perro le da un aspecto de animal no especializado a simple vista. Lejos de ser verdad, sin embargo: los pies y las patas de los perros —como las de sus ancestros, lobos, chacales y demás— constituyen un área especializada para las persecuciones largas de la manada.

Las puntas de los pies de los perros están adaptadas a las carreras de larga distancia, son digitígrados. Los músculos de sus patas reciben un buen riego sanguíneo (mucho más abundante que el de los gatos sprinters), dado que la carrera continua requiere un suministro constante de oxígeno y nutrientes, así como la eliminación del dióxido de carbono y el ácido láctico. En el caso del perro, contribuye también a ello la cantidad de hemoglobulina que contienen sus células rojas. Los biólogos caninos Raymond y Lorna Coopinger señalaron que este punto era especialmente importante en las razas especialistas corredoras de los perros de trineo y los sabuesos.

Para distinguir entre la huella de la pata de un perro y la del gato, hay que fijarse en la marca de las garras, que en la huella del gato no se ven. Las amplias garras del perro están fijas en una posición que las ayuda a agarrarse durante la carrera continua, por lo que se desgastan con el uso. Por el contrario, las garras enfundadas de los gatos se mantienen afiladas para trepar y cazar sus presas.

Los perros tienen hocicos largos y generalistas, y sus dientes también son más generalistas que los de los gatos, lo que es coherente con el hecho de que la dieta del perro, que come carne y vegetales, es más omnívora. Relacionado con ello, las papilas gustativas del perro se excitan con los azúcares que hallan en una dieta vegetal. A diferencia de los gatos, los perros regurgitan comida para sus cachorros gracias a que tienen una capa muscular a lo largo del estómago y el esófago. El intestino ciego de los perros es más largo que el de los gatos u otros carnívoros, lo que les permite ser carnívoros omnívoros. La fermentación bacteriana también tiene lugar en el intestino grueso de los perros, donde además asimilan los grasos ácidos que se liberan.

Los perros tienen una especie de barbas encrespadas debajo de la barbilla que el rostro del especializado gato, más plano, ha perdido. El perro obtiene información relevante de estas barbas para ajustar la altura de la cabeza cuando sigue un rastro de olor a gran velocidad.

Perros de caza, cobradores y de guarda 38

Una manada baja en grupo por la cuesta de una colina, persiguiendo una presa (un ciervo o un caribú) y evolucionan trazando giros con la coordinación de una bandada de pájaros evitando la costa. Moverse como los otros animales, poder correr al compás de ellos, era uno de los requisitos básicos de la caza en manada. El término con el que se designa esta acción grupal es conducta alelomimética y ha sido heredada directamente por los perros.

Border collie y ovejas

Una manada puede perseguir a un animal considerablemente grande y lo habitual es que los lobos, reunidos en grupos de alrededor de 15, escojan a la presa más débil. Si una presa más grande que ellos se defiende encarnizadamente, la suelen descartar por una más fácil. Durante este proceso de selección, la manada rodeará varias veces a las bestias que pacen en rebaños, un movimiento para movilizar los rebaños que, un tanto inhibido, han conservado los perros pastores.

Se considera que los perros pastores son muy poco agresivos, aunque deben de serlo para perseguir a las ovejas. También deben estar lo bastante instruidos como para que el dueño les pueda controlar al instante. Los perros de guarda de mayor tamaño se utilizaban también para el ganado vacuno y normalmente se convertían en perros protectores, por lo que tenían que ser capaces de contrarrestar una agresión.

Dado que el deseo de cazar y perseguir forma parte del modelo de conducta del perro, hay algo que los dueños de los perros deben plantearse. A los dueños de los perros les gusta llevarlos a pasear por senderos rurales que transcurren entre granjas y, como quedan apartados de las zonas de más tráfico, acostumbran a soltarlos. En los terrenos de cultivo no constituye mayor problema, pero allí donde hay ganado hay que asegurarse de controlar al perro manteniéndolo atado (véase página 82).

Asimismo, algunas razas persiguen a los coches y las bicicletas, poniéndose a sí mismas y a los demás en peligro. La mayoría de los perros les ladran a los coches que circulan hacia atrás. Así como un bufido y la exhibición de las garras de un gato acorralado son capaces de disuadir el avance de un perro, este tipo de "escenas de caza" en un entorno urbano hay que temperarlas con una buena instrucción.

Los lobos no son especialmente veloces comparados con algunas presas, pero son resistentes y persisten, algo que el perro ha heredado y que se observa en la predisposición de los perros a las largas caminatas. Normalmente, los lobos abandonarán una persecución si tienen que enfrentarse a una resistencia fuerte, pero la selección de los perros del grupo de los terriers ha reforzado el ataque continuo casi a toda costa.

Cuando consiguen separar a su presa del grupo, lo primero que atacan si es grande son sus patas traseras, luego las posaderas y los flancos, y finalmente un lobo las agarra por el morro. Aunque la mayoría de las razas caninas se comportarían de un modo similar en dicha situación, el bulldog fue seleccionado por su tendencia a agarrar el morro del toro y sujetarle con sus potentes mandíbulas –incluso antes de su modificación hasta el presente– que ha reducido considerablemente su facilidad para la persecución de la presa.

Rasgos caninos 63

39 Cortejo

En lo esencial, el cortejo y apareamiento de los perros domésticos son los mismos que los de su ancestro el lobo o, como en el caso que se ilustra, el perro salvaje africano. Normalmente la conducta sexual sólo tiene lugar cuando la hembra está receptiva, en celo y, como ocurre con la mayor parte de los mamíferos, las hormonas liberadas por la pituitaria hacen que los ovarios fabriquen y liberen óvulos.

La duración normal del celo de una hembra (o perra) es de unos 18 días. La primera parte se llama proestro o pre-celo, fase durante la cual empieza a atraer el interés de los machos pero aún no está sexualmente receptiva y, pese a que coquetea con él, rechaza sus avances.

Cuando ingresa en el estro, se vuelve muy receptiva y puede estarlo durante días, a lo largo de los que habrá que repetir el apareamiento varias veces; su periodo fértil es de unos cinco días. Durante el cortejo, el macho huele la cabeza y la vulva de la hembra, y ésta corresponde. Ambos animales pueden adoptar la misma postura, con las patas delanteras extendidas sobre el suelo y el trasero elevado. A veces se ponen juguetones, y abrazan el cuello del otro con las patas delanteras. Este modelo de conducta es común a los perros y los lobos.

No obstante, existen algunas diferencias: la domesticación permite que las hembras maduren sexualmente hacia finales del primer año, mientras que en los lobos no ocurre hasta el cabo de uno o dos años. La mayoría de las perras tienen el celo dos veces por año, aunque las "primitivas" basenjis, las lobas y las perras salvajes africanas sólo una. Entre los cánidos de manada que se hallan en estado salvaje –los lobos y los perros salvajes africanos– sólo se aparean el macho y hembra alfa, mientras que el resto actúan como "ayudantes".

Perros salvajes africanos

Cuando la hembra (domesticada o en estado salvaje) está lista para aparearse, le presenta su trasero al macho, con la cola a un lado. El macho la monta, se agarra a sus flancos con las patas delanteras, se coloca y le introduce el pene. Luego empuja rítmicamente.

El ciclo estacional de las perras está controlado por las hormonas, que producen el desarrollo de los óvulos en sus ovarios. Cada uno de los ovarios está rodeado de células de apoyo que producen estrógenos, que hacen que la pared del útero se haga más gruesa y que la vulva externa se hinche. Durante el pro-estro la hembra exuda una descarga sanguinolenta (que no es menstrual). Cuando está preparada, los ovarios sueltan los óvulos durante dos o tres días, y las células de apoyo producen ahora progesterona. La descarga termina y ella se dispone a aceptar la atención del macho.

Una vez que se han apareado no se puede separar a dos perros ni interrumpirlos. Por un mecanismo único en los *canidae*, cuando ocurre alguna intromisión, el *bulbus glandis* del pene del perro se hincha y los deja trabados. No se sabe muy bien a qué es debido, aunque lo cierto es que parece colocar al animal en una posición muy vulnerable en un momento crítico.

Se ha dicho que ese mecanismo de atadura responde al fin de asegurar el tiempo necesario para la copulación. Sin embargo, no parece muy lógico puesto que el tiempo de copulación de las especies se adapta fácilmente a las circunstancias, y diríase que un vínculo tan elaborado debe de responder a requisitos más significativos.

Algunas especies de mamíferos tienen penes adaptados, aunque la comparación más relevante es con la familia canina. El gato, más solitario, es ferozmente territorial y necesita un mecanismo que permita que los machos se reúnan. El pene del macho tiene unos ganchos que desencadenan que la hembra libere los óvulos sólo una vez que ha habido apareamiento.

La familia canina tiene que superar el problema inverso, y lo hace con la atadura copulatoria. En tanto que animal de manada, el lobo, ancestro del perro doméstico, tenía que enfrentarse a la competencia de otros machos y, una vez que había copulado, la atadura impedía que otro macho pudiera montarla en, al menos, una hora.

Cuando el macho monta a la hembra y realiza los empujones típicos del apareamiento, acostumbra a eyacular un líquido casi carente de espermatozoides. A los humanos nos sorprende que este primer apareamiento se dé sin que el pene esté erecto pero, a diferencia de nosotros, el pene del perro contiene un hueso que permite la penetración. Cuando los empujones cobran mayor vigor, el pene se hincha, y el *bulbus glandis* engancha al macho y la hembra. Sólo entonces el perro eyacula esperma.

El macho intenta desmontar pero el enganche mantiene a los perros pegados. Al parecer, este movimiento restringe la rotación y ralentiza el flujo sanguíneo. El enganche dura una media hora y durante ese tiempo, una eyaculación posterior y más clara reparte el esperma por las paredes del útero de la hembra. Como el volumen del esperma eyaculado es pequeño y queda depositado en la vagina anterior, esta tercera eyaculación es importante para asegurar la fertilización, y sólo tiene lugar mientras los perros están enganchados.

Normalmente, las perras son muy fértiles y su periodo de gestación es de unos 63 días. Durante los primeros días en que el óvulo queda fertilizado, no se adhiere ni se sujeta en las paredes del útero. Por el contrario, el embrión se desarrolla utilizando los nutrientes contenidos en el saco embrionario, y cuando los embriones contactan efectivamente con la pared del útero, se disponen en fila. Una vez que se ha realizado el contacto con la placenta, el embrión se alimenta de la madre.

En general, los cachorros son detectables en el abdomen a partir de la quinta semana, aunque el veterinario puede diagnosticar su presencia alrededor de las tres semanas y media después del apareamiento. Las glándulas mamarias empiezan a desarrollarse más o menos entonces.

Durante el embarazo es necesario aumentar gradualmente la cantidad de comida que le damos a la perra. Consulte a su veterinario acerca de la necesidad de darle un suplemento de calcio o de algún otro elemento. Hay que asegurarse de que practique un ejercicio moderado y de que disponga de una caja o una zona específica donde parir.

No interfiera

Jamás intente separar a dos perros cuando están copulando, pues dañaría los órganos sexuales de ambos animales. Si le consta que su perra de raza se ha apareado con quien no debe, consulte al veterinario.

4

Instrucción de un perro que crece

Cachorros
de golden
retriever

Desarrollo de los cachorros

Cuando los cachorros nacen, su sistema nervioso no está completamente desarrollado, por lo que son dependientes de los cuidados de la madre. Dado que labradores y retrievers son las razas más populares, seguiremos el desarrollo de los golden retrievers; aunque la duración de las etapas puede variar según las razas, el modelo es similar. Los cachorros que aparecen en la fotografía adjunta sólo tienen dos días.

Semana 1 — *Fase neonatal*

Los cachorros tienen la cara ancha y abotargada, con los ojos y las orejas sellados.
Los dos primeros días tienen la nariz, la cara y los pies de color rosa pálido.

Los cachorros reposan la cabeza en el suelo, o yacen junto a sus compañeros de camada.
En realidad, todavía no pueden levantar y mantener erguida la cabeza.

Los cachorros recién nacidos tienen un "reflejo arraigado" para dar con la teta acercando la cabeza al calor.
Este reflejo los mantiene cerca de la madre o amontonados junto a sus hermanos. Inicialmente, el perro no tiene control sobre su temperatura, y necesita protección. El sentido del gusto es de nacimiento, pero evoluciona hasta la plena capacidad de la edad adulta, lo que les estimula a succionar. Durante los primeros días se pasan un tercio del día chupando. Los cachorros tienen sensibilidad en la cara, lo que les indica cómo encontrar comida.

El cachorro mueve la cabeza por una acción refleja cuando le tocan la cara o el costado.
Dichos movimientos le capacitan para abrirse paso a través del resto de las crías. Sin embargo, los más pequeños no tienen fuerza muscular para moverse o desplazarse, y sus actividades se limitan a mamar y dormir. Si caen fuera del jergón no pueden regresar por sí mismos aunque sus desesperados chillidos avisan a la madre, que los lleva de vuelta. El sonido que emiten depende de la raza: un chihuahua recién nacido gimotea pero el cachorro de una raza mayor, como por ejemplo el setter irlandés, puede gañir al cabo de sólo un día.

Uno de los reflejos más importantes consiste en que, cuando los agarran por el pescuezo, los cachorros adoptan la posición fetal.
Eso facilita que sus madres puedan moverles. Pero eso cambia a los cinco días de vida y, a medida que se hacen más fuertes, los cachorros aprenden a flexionar los músculos cuando los agarran.

Al cabo de una semana, los cachorros de retriever están cubiertos de una fina capa de pelo.
Tienen el rostro cubierto por un vello sedoso, las almohadillas de los pies y la trufa de la nariz han adquirido ya una pigmentación más oscura y el tono rosáceo de la cara es ahora más carnoso.

Semana 2 — *Fase neonatal*

La vocalización se desarrolla con rapidez.
Al cabo de diez días, los cachorros de chihuahua saben gañir, y a los 14 días, ladrar. El setter irlandés puede ladrar a los 10 días.

Durante las dos primeras semanas, la madre apenas se aleja de los cachorros.
El sueño de un perro durante las dos primeras semanas de vida está salpicado de sobresaltos y episodios de crispación. La madre induce a las crías a defecar y orinar lamiéndoles el trasero para desencadenar su reflejo. Luego, la perra consume los excrementos. Se corresponde con el periodo de desarrollo de un lobo en que permanece con la hembra alfa en la guarida, que suele estar excavada entre las raíces de un árbol. El consumo de excrementos reduce el riesgo de padecer enfermedades y de atraer a los depredadores.

Los cachorros empiezan a abrir los ojos a los 10 días.
El momento varía según la raza: el 95% de los cocker spaniels o beagles han abierto los ojos al cabo de 14 días, el 33% de los pastores de Shetland y sólo algo más del 10% de los terriers. De los dos cachorros de golden terrier que aparecen abajo en su nido, sólo uno empieza a abrir un ojo.

La pigmentación sigue desarrollándose en el morro y los pies. La nariz ya está completamente oscura.

El pelo ha crecido visiblemente.

Siguen reposando la cabeza en el suelo durante la mayor parte del tiempo.

Semana 3 — *Periodo de transición*

Esta semana tan crucial en el desarrollo de las crías se ha dado en llamar periodo de transición de la fase neonatal de las primeras dos semanas al periodo de socialización, en que aprenden a moverse y a jugar.

Por primera vez, los cachorros logran levantar la cabeza del suelo y mantenerla erguida brevemente.
Los perros se acostumbran a apoyarse en la parte delantera de su cuerpo, pero no en la trasera. Sus patas realizan progresos en su intento de andar. Mordisquean, juguetones, las orejas de sus compañeros de camada, ¡y todo casi sin levantarse!

Pasan la mayor parte del tiempo mamando y durmiendo.
En general, mientras maman siguen arrastrando las patas traseras. Saben arrastrarse para adelante y para atrás.

Logran sostener la cabeza (aunque no completamente).

Tienen los ojos abiertos y responden a la luz; las orejas están abiertas y reaccionan ante los sonidos bruscos.

Las crías se mueven mucho más, y se caen del nido con mucha más frecuencia.
Entonces, emiten un gañido insistente para llamar la atención al respecto.

Ingieren trocitos de carne, además de la leche materna.
Cuando se produce este cambio en sus dietas, la madre ya no tiene que lamerles el trasero para estimular la función excretora.

Surgen signos de socialización entre los cachorros.
Levantan la cola y emiten pequeños gruñidos, que en este estadio no son agresivos.

Se relacionan mejor con las personas.
Acostumbran a lamer la cara si los sostiene cerca.

1

2

3

Ello marca el principio de lo que se conoce como periodo de socialización, que dura hasta más o menos el final de la décima semana.

Durante este periodo se desarrolla el sistema nervioso.
Las terminaciones nerviosas de la médula espinal desarrollan una vaina de mielina. La evolución de los neurotransmisores permite que los cachorros empiecen a jugar.

Mover la cola y levantar las patas delanteras se está convirtiendo en una costumbre.
La raza determina la duración de las fases: en las camadas de cocker spaniels, los cachorros más rápidos empiezan a mover la cola a las tres semanas, los lentos a las seis y los de desarrollo medio a las cuatro. Sin embargo, en el caso de los basenjis, aunque empiezan a mover la cola a finales de la cuarta semana, los lentos no empiezan hasta la semana trece y los de desarrollo medio durante la sexta.

Durante las semanas 5ª y 6ª, les empiezan a salir los dientes.
Los cachorros empiezan a tener acceso a la comida sólida, y la hembra les va negando la leche.

Con la capacidad de juego, entre la 4ª y la 7ª semana, empieza también el ladrido juguetón.

Con la conducta de juego, se inicia normalmente el ladrido de juego entre la cuarta y la séptima semana.
Pasan más tiempo investigando y explorando y dedicados al juego social, con lo cual los cachorros pasan menos tiempo alimentándose y durmiendo.

Si les das un dedo, "mamarán" encantados de él.

Cuando las crías bostezan con la boca muy abierta, se les ven claramente los dientes aunque todavía no les han salido todos. Para entonces los cachorros han experimentado un gran cambio y ya están normalmente fuera del nido.
Se sostienen afianzados sobre sus cuatro patas, y pasan mucho más tiempo interesándose por las personas. Pueden alejarse andando, pero todavía no se sienten completamente seguros. Mordisquean y se golpean con los demás cachorros a medida que sus juegos se hacen más activos y complejos.

La quinta semana es clave en el periodo sensorial, dado que el cachorro empieza a comprender la relación social.
En parte, este cambio es debido a sus inicios en el "ataque y zarandeo" (requeridos para matar una presa) y a un elemento sexual como es el juego de "montar y empujar".

Los cachorros se siguen desarrollando, sus caras conservan aún una forma redonda pero sus ojos están mucho más abiertos.

Ya comen sólidos sin ningún problema, aunque siguen mamando.
El hecho de que los pequeños sigan mamando mantiene el flujo de leche materna. Durante la cuarta y la quinta semanas, cuando les salen los dientes, las hembras se sienten comprensiblemente menos dispuestas a que los cachorros mamen de ellas. Además, si las crías han comido algo sólido se muestran menos interesados en la teta.
Algunos criadores fuerzan el fin de la lactancia a las seis semanas para permitir que transcurra al menos una semana antes de que se marchen a otro hogar, con el fin de evitar la ansiedad por separación. No obstante, y por medios naturales, la leche no se retirará del pecho de la madre hasta la séptima o incluso décima semana.

La madre regurgita la comida para sus crías.
Esto forma parte de la respuesta normal ante perros expresivos durante este estadio. Es el modo ancestral en que las perras y las lobas destetaban a sus crías: así les proporcionaban comida sólida aunque triturada a sus crías.

Los juegos son más interactivos.
Los juegos varían desde "atacar" los cordones de las personas a lamerse más a menudo entre ellos durante los juegos. También interaccionan con otros objetos; por ejemplo, rasgan y mastican papel.

Los cachorros de retriever han seguido ganando peso, y su manto de pelo es notablemente más largo. Tienen más fuerza y movilidad, lo que se refleja en actividades como que pueden sostenerse sobre las patas traseras con las delanteras apoyadas en algo.

Los cachorros son ahora muy activos.
Si se les permite el acceso al jardín, en compañía de su madre y su dueño, se dejarán absorber por una actividad incesante de descubrimiento de nuevas experiencias. Mueven la cola, corretean y hacen volteretas con los demás, interactúan con su madre y su dueño, se escurren entre los macizos de flores y mastican plantas.

Ahora son mucho mayores, y dados a ganar peso.
Aunque mantienen indudablemente la forma redondeada y las maneras encantadoras de un cachorro.

5

6

7

Juegos

El perro es un animal social, y el juego es una parte importante de su desarrollo. Los cachorros necesitan la interacción social del juego, especialmente a partir de las seis semanas, cuando normalmente los han destetado y ya no están tan pendientes de los nuevos estímulos. Aunque el juego es importante, a medida que crecen también lo es que comprendan nuestro rango y jueguen en nuestros términos.

El juego tiene una verdadera ontogénesis, el desarrollo conductivo. Cuando el perro está en la fase de transición de la tercera semana empieza a jugar. Luego, en el periodo de socialización de la cuarta semana, aprende a señalar la petición de juego levantando una pata delantera ante sus compañeros de camada. Esta capacidad de demanda aumenta hasta incluir la "reverencia de juego", en que el cachorro inclina el pecho sobre el suelo y sus patas delanteras prácticamente están a ras mientras mantiene la cabeza ladeada en posición de súplica, agita la cola y, a veces, ladra. A veces se mueve hacia delante y atrás repetidamente, animándole a que se una a él.

Los cachorros de una misma camada juegan entre ellos durante su desarrollo, y aprenden así la pertinencia de sus acciones. Si van demasiado rápido, pueden tener que enfrentarse a las consecuencias.

Cuando jugamos con cachorros, la socialización contribuye a que ganen confianza en nuestra raza. Sin embargo, cuando crecen quieren realizar juegos más interactivos con nosotros. Pronto comprenden que no pueden jugar a tirar unos de otros con los perros adultos como hacían con los cachorros de su camada. Si jugamos así con ellos, y según nuestra disponibilidad, les daremos a entender que somos competidores juveniles, no adultos. Si consiguen arrebatarnos los juguetes, estamos perjudicando nuestro estatus a sus ojos. Y, en el futuro, eso puede reportar problemas de instrucción. De ningún modo debemos dejar que el perro "mordisquee juguetonamente" nuestra mano: con ello ratifica su superioridad de estatus.

El juego debe formar parte de la instrucción del perro, recuperar la pelota es una reminiscencia de cobrar las piezas en las cacerías. Puede ser divertido jugar al escondite, siempre que sea usted el que inicie y controle el juego.

Asimismo, a los cachorros les gusta que les lance pelotas y juguetes, y nos enternece que se aproximen a nosotros con uno en la boca. Agradecemos el intento de relación y la "invitación al juego". Sin embargo, si accedemos permitimos que el perro se coloque en una posición de dominio, por lo que debemos ser nosotros quienes propongamos el juego.

Labrador negro

Cachorros de golden retriever

Córtelo de raíz

Una de las características de los juegos de cachorros son los mordisqueos y las pequeñas dentelladas, gracias a los cuales descubren cuál es la conducta pertinente con sus compañeros de camada. Si se lo consiente, no sabrá qué no es lo correcto. Si le muerde, deje de jugar.

Una revisión de la domesticación cánida del zorro revela que la domesticación ha creado, de por sí, a un animal más juguetón que sus ancestros. Así, los cachorros actuales de los perros de antaño han visto ampliado su periodo de socialización, ¡una infancia más larga para jugar y acostumbrarse a nosotros!

La atracción por la comida con que recompensaban su ayuda hizo que los lobos menos recelosos se domesticasen a sí mismos, lo que modificó genéticamente las etapas del desarrollo de sus crías. Algunos de ellos conservaron en mayor medida los rasgos y la conducta de los cachorros una vez convertidos en adultos, ¡y se convirtieron en perros juguetones!

Zorro plateado
domesticado
Vulpes vulpes

SELECCIÓN DE LA SUMISIÓN Y LA CAPACIDAD DE JUEGO

Siempre se supuso que los humanos seleccionaban a sus perros por sus rasgos más infantiles y dóciles pero lo acontecido en los últimos cincuenta años sugiere otras posibilidades. A partir de 1959, los genetistas rusos criaron sólo a partir del zorro plateado, pues lo consideran "más dócil" y menos receloso con los humanos. Cada generación ha sido más "mansa y ansiosa por complacer", y cada vez se aproximan a los humanos con más ganas de jugar, moviendo la cola, gimoteando y lamiendo. Se interactuó muy poco con los zorros, para evitar que se acostumbraran, con lo cual el cambio ha sido básicamente genético (véase páginas 24 y 25).

Esta actitud más dócil ha conllevado cambios importantes en la domesticación: han cambiado de pelaje, las orejas están más caídas (insólito en los cánidos salvajes) así como las colas más enrolladas, y se han producido alteraciones en sus cráneos, la cavidad cerebral es menor, así como la mandíbula inferior. Dichas modificaciones no han sido deliberadas, han aparecido como resultado de la selección en aras de la mansedumbre.

Otro de los aspectos importantes es vigilar cómo utilizamos los juguetes para demostrarles a nuestros perros que los queremos. Cuando un perro tiene acceso continuo a los juguetes, es más difícil establecer que somos los "líderes de la manada" y el animal dominante. También le resta significado individual al juguete a ojos del perro, que deja de considerarlo una recompensa mediada por nosotros, los dueños. Por eso es recomendable recoger los juguetes después de las sesiones de juego controlado; de este modo, el perro empieza a comprender que son tus juguetes y que puede disfrutar de ellos cuando tú se lo permites.

El juego es más habitual en los jóvenes que en los mayores y los carnívoros, perros incluidos, están entre los animales con mayor capacidad de juego. El juego ejercita los movimientos de la caza y la lucha de un modo superlativo. Lo que mantiene el juego como tal, limitado a mordisqueos tímidos, es que en un inicio los perros sólo están mejorando la coordinación de sus movimientos. No obstante, a partir de la cuarta semana aumenta la actividad social del cachorro, aunque sus caras achatadas y sus orejas caídas no suponen ninguna amenaza. Incluso cuando es mayor, disfrutamos de la exuberante capacidad de juego del perro, y lo seleccionamos por su conducta juguetona y dócil.

42 Etapas delicadas

El aprendizaje es una preparación para la vida adulta, y el cachorro pasa por etapas delicadas durante su desarrollo, que coinciden con periodos claves del aprendizaje. Aunque los perros pueden adquirir habilidades en momentos posteriores de sus vidas, existe un lapso temporal en el que están programados para asimilar la información en el estadio adecuado de su desarrollo.

Springers spaniels

El cachorro parte de una percepción sensorial mínima, que le basta para mamar de la madre, y gracias a los tanteos con el resto de la camada con la que constituye una pequeña manada, se socializa en el juego. A partir de las dos o tres semanas de vida hay que socializar a las crías y acostumbrarlas a la gente y, coincidiendo con el destete de las seis u ocho semanas, es importante que se sientan en una pequeña manada. Si estos aspectos no se trabajan activamente con el perro en el momento preciso, serán recelosos con las personas y pueden llegar a morderlas por miedo.

Otro periodo delicado empieza a finales de la quinta semana, cuando los movimientos de caza, el "ataque y zarandeo", aparecen en tanto que interacciones del juego de los cachorros entre ellos. Los perros de menos de 10 semanas realizan un movimiento por el que intentar reducir a su presa aplastándola con las patas delanteras (eco de los "empujones" de los zorros).

Tal como lo han definido Scott y Fuller, el periodo de transición es la semana más dramática de la vida de un cachorro. Empieza cuando abre los ojos, y termina cuando sus orejas reaccionan al sonido. No transcurre exactamente en una semana, dado que su duración

varía con las razas. Durante esos días, se produce un aumento súbito de la actividad de las ondas cerebrales alfa, aunque no llegan a una actividad adulta hasta las ocho semanas. Como consecuencia de estos cambios, los cachorros tienen mayor movilidad, establecen una comunicación social con sus compañeros de camada y responden a ellos.

El periodo de socialización constituye otro hito, los grandes desarrollos de su sistema neuronal coinciden con las transformaciones corporales, y la coordinación de ambas instancias resulta delicada. Esta fase se caracteriza por la forja de las relaciones sociales con compañeros, progenitores y demás, y la incorporación de lo que se aprende de ellas.

Por lo tanto, hacer coincidir ese delicado periodo de socialización de unas 12 semanas con la adaptación del perro a los demás y a nosotros significa sacarle partido a los cambios del sistema biológico para crear nuestra propia manada. Basta decir que si, durante esa época, el cachorro de perro crece en compañía de gatitos, cuando sea adulto se relacionará con gatos, ¡no con perros! Scott y Fuller señalan que el primer periodo de socialización va de la tercera a la doceava semana. A partir de las 12 semanas, la cautela y el miedo a nuevas experiencias ralentizan la rapidez con que se evoluciona durante esta etapa.

El perro que no ha sido socializado al contacto con las personas y nuestro modo de vida no es fiable. En realidad, es exactamente como debe ser para sobrevivir en calidad de animal salvaje temeroso de los humanos. Por ello, para que los perros se sientan cómodos con nuestra especie y se relacionen con nosotros segura y adecuadamente, hay que socializarlos.

Cachorro de whippet y pastor alemán

El perro que no ha sido adecuadamente socializado ni siquiera con otros perros (crías o adultos) puede llegar a ser un animal muy inquieto e infeliz. Si estuvo aislado de sus compañeros de camada durante el delicado periodo de socialización, no habrá aprendido cuál es la conducta adecuada, y es posible que muerda y sea desproporcionadamente temeroso con los que lo rodean. La falta de socialización también constituye un problema cuando pasea al perro.

Si desea evitar incidentes con las visitas, debe acostumbrarlo a estar con gente. Hágalo gradual y pausadamente, y procure que el visitante no se siente en una postura amenazante durante las presentaciones. Es de vital importancia socializar al cachorro al contacto con niños. Teniendo presente que es una relación entre dos, enseñe al niño de antemano a guardar la calma, tocarlo con suavidad y ser prudente.

Una vez que el perro se ha apartado de la camada, la responsabilidad de que, una vez vacunado, se relacione con otros cachorros es suya. Una buena manera es acudir semanalmente a clases de

socialización con él. Tratará con cachorros de su edad y aprenderá cuál es la conducta pertinente con los demás perros en un entorno seguro. Cuando crece y sus movimientos van perdiendo la inhibición inicial, tiene que aprender a reprimir sus mordiscos y a equilibrar la deferencia social adecuada con indicaciones de sumisión.

HABITUACIÓN

- En casa, enséñele gradualmente al perro los distintos electrodomésticos que usted usa, uno a uno y a distancia.
- Es importante habituarlo a viajar en coche para evitar problemas posteriores.
- Cuando empiece a pasear al perro, lléveselo a una calle tranquila donde se acostumbre al tráfico, aleccciónelo debidamente al respecto y luego prémiele. Posteriormente, hágalo tolerante por fases.
- Cuando haya terminado sus clases de instrucción para cachorros, siga llevándolo para que mejoren su socialización, nunca estará de más.

Pastor alemán, springer spaniel, dachshund de pelo largo

La elección del sexo

Una de las elecciones más importantes a la hora de quedarse con un perro, una vez escogida la raza, es la del sexo. Curiosamente, lo que crea a un perro macho es un aumento de 20 veces los niveles de testosterona en su cerebro alrededor de la fecha de su nacimiento y las tres primeras semanas de un cachorro. Recupera entonces los mismos niveles que un cachorro hembra hasta que sufren las transformaciones de la pubertad.

Cachorros de springer spaniel

Un estudio de los especialistas Benjamin y Lynette Hart considera que, pese a que no existen diferencias notables en el ladrido y la excitabilidad de machos y hembras, los machos tienden a ser más defensivos con el territorio, más destructivos, y a excederse en su conducta con los niños. Los machos también se escapan más a menudo.

Otra de las características del perro es que levanta (o encoge) la pata para orinar, especialmente cuando lo que hace es marcar repetidamente un objeto vertical. Las marcas territoriales de orina, que pueden ser un problema en casa, suelen ser cosa de perros dominantes. Además, los machos tienden a montar a los visitantes y a otros perros, y a escrutar a las visitantes oliéndoles directamente las zonas adecuadas.

Son pocos los estudios que recogen diferencias en el trato con instructores masculinos o femeninos. Las hembras no parecen tener preferencias, pero se dice que los perros responden mejor a las instructoras que a los instructores.

Es innegable que los machos tienden a ser los que más dominio exhiben sobre sus propietarios y más agresividad hacia los demás perros. Por el contrario, las hembras están más dispuestas a dejarse domesticar e instruir que los machos de la misma raza. Dicha división responde a un modelo que cabía anticipar a partir del rol del macho en la estructura jerárquica de sus manadas ancestrales.

Pese a que son pocos los propietarios que piden consejo respecto a la conducta de sus perros, en la mayoría de los casos se consulta por la actitud de los machos. En los informes anuales de 1994 al 2003, la Association of Pet Behaviour Counsellors determinó que del 58 al 64% de los casos se trataba de machos.

RAZAS ESPECIALES

Si está pensando en escoger una raza con un nivel bajo de agresividad, como los golden retrievers y los basset hound, no encontrará grandes diferencias entre la conducta de un macho y la de una hembra. En esos casos, el sexo no es relevante. Sí lo es en razas especialmente agresivas, como los schnauzers miniaturas, o moderadamente agresivas, como los caniches, entre las que sí hay disparidad considerable entre macho y hembra. Es más fácil convivir con las hembras, cuyas tendencias son menos agresivas y, por lo tanto, más fáciles de instruir.

Cachorros adolescentes

Se ha dado en llamar juvenil al periodo a partir de la 10ª semana de un perro hasta que alcanza la madurez sexual. Cuando los cachorros crecen, y pese a que el modelo de conducta básico no cambia sustancialmente, mejoran sus habilidades motoras gracias a una combinación de desarrollo muscular y de práctica. Los cachorros también van descubriendo la conducta apropiada para cada momento.

Hacia las 12 semanas los perros se han convertido en auténticos exploradores. A la vez, sus angustiadas llamadas de atención se han reducido, una combinación que contribuye a su supervivencia. Durante el periodo juvenil del macho aparece el gesto de encoger la pata cuando orina, aunque la fecha en que eso ocurre varía según los individuos. Ese cambio es parcialmente genético, pese a que también depende de circunstancias individuales: el rango puede ser un elemento relevante, ya que esta manera de orinar se asocia con el marcaje de los adultos, y puede aparecer más tarde en los perros de rango bajo en el estatus.

El inicio de la pubertad varía según la raza y el sexo del perro. Los machos de cuatro meses empiezan a mostrar interés por las hembras en celo, pero las incursiones que pueden ocasionar un apareamiento fértil no se dan hasta los 7 u 8 meses. Antes de su primera vez, las hembras no muestran ningún interés sexual por los machos. No obstante, en cuanto empiezan a estar en edad los machos se sienten atraídos por ellas, y entonces responden a su interés. A partir del día 10 de su primer celo, la perra puede quedarse embarazada.

Cachorros de pastor alemán

Cachorro labrador negro

LA LLEGADA A CASA

Se ha descubierto que los perros que se van a casa a las doce semanas son más fáciles de educar que los que llegan a las 14. Con todo, a pesar de que se han desarrollado neurológicamente, los cachorros adolescentes no son fáciles de instruir en tareas complicadas pues son muy excitables y se distraen con todo, lo que les crea problemas de atención (¡Al fin y al cabo, son adolescentes!). Sin embargo, es importante asegurarse de que la instrucción pasiva opera de todos modos, jugando con el perro y acostumbrándolo a la presencia de otras personas cuando usted está presente. Mejorará su capacidad de resolver problemas y de aprender cosas nuevas cuando, más tarde, lo instruya para ello. Asimismo, hay que asegurarles un entorno tranquilo y sin sobresaltos a los más pequeños pues las fobias se desarrollan a muy temprana edad. Generalmente, se aconseja llevarse los cachorros a casa a las 8 semanas, basándose en que si la cría pasa la mayor parte del tiempo jugando con los compañeros de camada y otros perros, no responderá igual de bien ante los humanos en su vida adulta.

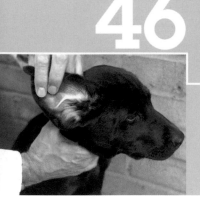

46 Las enfermedades del cachorro pueden afectar su conducta adulta

Así como el "niño es el padre del hombre", el "cachorro es el padre del perro". La importancia de lo que le ocurre al cachorro para su desarrollo conductual posterior es cada vez mayor, pero el impacto de lo que ocurre cuando está enfermo o durante las visitas al veterinario se ha subestimado.

¿Por qué?

En un estudio realizado por el veterinario Andrew Jago a partir de un muestreo de 500 perros, de los que el 13% habían estado enfermos en algún momento antes de los 16 meses, el hallazgo más decisivo fue que existía un vínculo estadístico relevante entre haber estado enfermo de pequeños y presentar determinados problemas de conducta siendo adulto: agresividad de dominio, agresividad con los extraños y temor a los extraños y a los niños. Además, eran más dados a ladrar por separación y a tener una conducta sexual inapropiada.

Jago concluía que el miedo a los extraños y a los niños era debido a que no habían tenido una socialización adecuada, mientras que la agresión dominante, el ladrido por separación y la conducta sexual se deben a la atención y el cuidado exclusivo que hace que el perro sea demasiado socializado "a la manera humana". Incluso se ha trazado una relación entre la fecha de la primera vacuna, pasadas las ocho semanas, y algunos problemas de conducta.

Es difícil establecer relaciones causales, dado que durante el corto espacio de la infancia se producen muchos acontecimientos. Y el traslado del grupo materno al nuevo hogar es de los más decisivos. Hasta el método de transporte puede alterar a algunos cachorros, pues probablemente será la primera vez que, por ejemplo, se monten en un coche. En definitiva, la relación entre las enfermedades y los problemas de conducta posteriores es lo bastante clara como para que los propietarios la tengan en cuenta en los cuidados sanitarios de su perro.

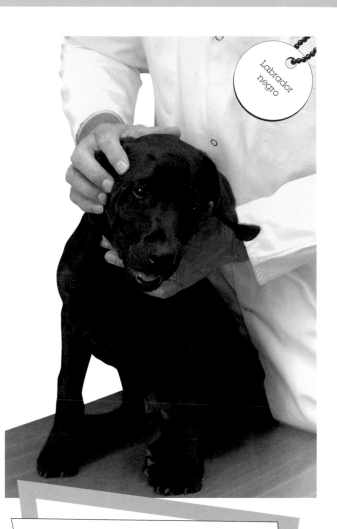

Labrador negro

LA SALUD DE LOS CACHORROS

Pregunte si el perro ha sido sometido a alguna operación quirúrgica antes de decidirse a "adoptarlo".

El aislamiento en el que deben estar en las clínicas veterinarias reduce el tiempo de socialización.

Si el cachorro enferma, vaya a hacerle visitas familiares o pídale a las enfermeras veterinarias que le dediquen un rato a diario.

Cuando el perro está en casa, asegúrese de que se relaciona con un entorno y gente en situaciones no amenazantes. Obviamente, depende de la gravedad de su mal; en ocasiones se impone dejarle en paz y procurarle calma. Por eso puede que no deba relacionarle con otros perros mientras está convaleciente, pues no se halla en su mejor momento.

Recuerde, sin embargo, que la salud de su perro y sus cuidados son siempre prioritarios, y no hay que precipitarse.

Tratar a un cachorro

La época en que se forja la relación entre el propietario y su perro coincide con los tratamientos y las vacunaciones que debe recibir un perro de manos de un veterinario y que pueden resultarle molestos. Sin embargo, un propietario cuidadoso puede reducir ese impacto en los cachorros un poco mayores acostumbrándolos a ello delicadamente. Además, las compañías farmacéuticas están mejorando el sabor de sus medicinas y el método de aplicación de los insecticidas.

Esterilización

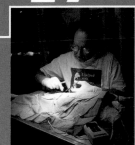

El número de perros que se hacen esterilizar va en aumento. La APBC (Association of Pet Behavioural Counsellors) de Gran Bretaña contó que en 1994 se había castrado al 40% de los perros y les habían extirpado los ovarios al 47% de las perras. El porcentaje ha ido creciendo, pues en 2003 se esterilizó al 64% de los machos y al 71% de las hembras. (El mismo año se esterilizó al 97% de los gatos de ambos sexos.)

¿Por qué esterilizarlos? Si el perro está sano, hay que considerarlo seriamente. A menudo se exige que los perros de exhibición estén "intactos" o "enteros" (no esterilizados), pero si tiene claro que no deseas exhibirlo ni hacerlo criar, debe hablarlo con su veterinario.

Esterilizar al animal, especialmente si es un macho, puede ayudar a controlar un buen número de conductas relacionadas con las hormonas sexuales. A la vez, en las perras dominantes la esterilización puede agravar los problemas de dominio.

Pese a que una valoración simple de la castración la relaciona, en términos de causa-efecto, con la conducta vinculada a la testosterona, no es así ni tan a menudo ni tan claramente. Algunos veterinarios e instituciones protectoras de los animales han propuesto una castración temprana de los mismos con el fin de mantener un control responsable de la población. No está tan claro que resuelva los problemas de conducta. Mientras que algunos estudios muestran que existe poca diferencia entre la agresividad, el ladrido y otros rasgos específicos de los perros castrados y la de los que no lo están, y que una castración temprana puede empeorar la excitabilidad, el estudio de Liberman sugiere que la castración entre las 6 y las 12 semanas puede reducir la agresividad y la conducta sexual.

Cuando se realiza a una edad normal (en general, tanto la extirpación de los ovarios como la castración se practican en los cachorros a los seis meses), la castración parece provocar una reducción de la agresividad entre machos, la demarcación con orina y la costumbre de montar a las visitas y escaparse. Aunque la castración no elimina el problema, se ha descubierto que atenúa su frecuencia y severidad. La castración tal vez no "cure" la agresividad, pero puede ayudarnos a controlar dicha conducta.

MENOS PERROS NO DESEADOS

La esterilización consiste en la extirpación quirúrgica de los órganos reproductivos para evitar que el perro tenga crías no deseadas. En algunas partes del mundo se llama "asexuación" a la esterilización, mientras que en otras designa la castración o extirpación de los testículos en el macho. A las hembras se les extirpan los ovarios y el útero.

La experiencia de la SPCA de San Francisco ha demostrado que la actividad de una clínica de esterilización activa y masiva puede reducir la sobrepoblación de perros de una ciudad. Cuando abrió, en 1976, la clínica era uno de los centros de esterilización más baratos de Estados Unidos, y como resultado de sus intervenciones el número de perros y gatos abandonados en los refugios de San Francisco se ha quedado en la mitad en los veinte años trascurridos entre 1985 y 2005.

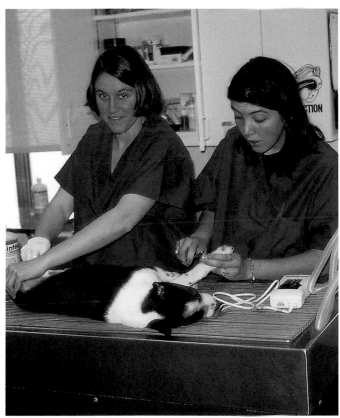

48 Instrucción en casa

La instrucción en casa se basa, en el fondo, en su anticipación a las necesidades evacuatorias del perro, y no en cómo debe castigarle cuando ya se ha ensuciado. La instrucción doméstica debe coordinarse con la costumbre evacuatoria que el perro desarrolle naturalmente.

Vigilar los signos

Por más que le fastidie, no riña a su perro cuando se ha ensuciado a menos que le pille en el acto. De lo contrario, será improductivo y hará que el perro recele de usted. A los tres meses el perro querrá evacuar cada tres horas así que, vigile los signos: trazará un movimiento circular y olerá el suelo antes de evacuar.

Cavalier king Charles spaniel

Los cachorros recién nacidos no ensucian el nido, porque la madre estimula la evacuación y lo limpia. Cuando va a empezar a desmamarles y la madre deja de limpiar sus desechos corporales, los cachorros siguen manteniendo el nido limpio. A partir de la semana 7 u 8, desarrollan una preferencia por utilizar determinadas superficies, y a finales de la octava semana se trasladan a un lugar específico alejado del nido.

Enseñarle a un perro a evacuar sobre un papel de periódico dentro de casa para luego impedirle hacerlo en el jardín no tiene mucho sentido. Si es posible, enséñele a hacerlo en el jardín. Acostumbrar al perro a evacuar a sus horas nos será muy útil si nos hallamos de viaje, de visita, en exhibiciones o en espacios públicos.

Algunos perros adquieren rápidamente sus hábitos de aseo, asistidos por su supervisión constante que lo trasladará a una zona apropiada para ello cuando usted anticipe que lo necesita. Sin embargo, otros son un poco más intransigentes. En ese caso, sus dos mejores bazas serán un reloj y un cajón (véase página 84).

Durante el periodo de aprendizaje, el "nido" de su cachorro y el jergón donde se tumba a descansar será el cajón, y deberá procurar no ensuciarlo. En buena medida, el éxito de este aprendizaje de las "zonas restringidas" depende de que no deje al cachorro en el cajón durante demasiado rato, de ahí la importancia de un despertador o una alarma que le recuerde que debe sacar al cachorro cada dos horas. Para evitar que ocurran "accidentes" camino de la puerta, distraiga al perro con expresiones alentadoras sobre lo que va a encontrar en la calle y llévese un juguete.

Cuando llegue al área concreta del jardín y el perro empiece a evacuar, felicítele por su buena conducta y utilice una frase especial para ello como: "¡Venga, ahora!". Si lo repite siempre del mismo modo, el perro lo asociará con su deseo de que él evacue. Puede completar el elogio con un juego o una golosina.

Si el problema es que el perro necesita evacuar durante la noche, cambie la hora de la comida y désela muy pronto por la mañana.

Existe un núcleo de instrucción básica a la que debe someterse a todos los cachorros, no sólo para que se comporten bien y no supongan un peligro ni para usted ni para él, sino para que le respeten y sepa comunicarse con usted, lo que reducirá los problemas de conducta. Un perro adulto que no ha pasado por una instrucción previa también debería someterse a este adiestramiento.

Labrador negro

Aunque esté modificando acciones específicas, debe utilizar la misma instrucción básica si tiene problemas con una conducta dominante que con cualquier otro tipo de problema.

Para saber que posee el control básico sobre su perro, debe poder hacer que se siente, se esté quieto, se acerque, se tumbe (o se estire) y camine. Cuando empiece a practicarlo con su perro o su cachorro, debe sujetarle con una correa floja y un collar apropiado. Introdúzcalo despacio a una serie de ejercicios breves en su casa, lejos de las distracciones, cuando el perro cumpla las siete semanas. Sin embargo, no lo agote, porque coincide con el periodo en que le está socializando activamente. No pretenda hacer demasiados ejercicios en una sola sesión.

EDUCAR CON RECOMPENSAS

Educar recompensando las buenas acciones se ha convertido en el método estándar y ha venido a sustituir los tirones de correa de antes.

Las recompensas de comida son efectivas si su perro responde ante ese estímulo, pero debe tener en cuenta que habrá que realizar la instrucción antes de comer. Los pedacitos de carne de pollo tienen la ventaja, sobre la carne deshidratada, de que el perro no necesitará agua para engullirlos. Guárdese las recompensas en el bolsillo, donde él no las vea, pero saque de antemano la cantidad de unidades que necesita para un ejercicio. 20 piezas por sesión son suficientes.

Muchos propietarios e instructores prefieren guiarles y darles la recompensa con la mano izquierda, pero para una instrucción más libre optan por la derecha. La comida que sostiene en la mano puede contribuir al condicionamiento.
Cuando el perro aprenda a cumplir con lo que se le pide, no recurra tan a menudo a los regalos y utilice con mayor frecuencia el elogio. Cuando ya domine el ejercicio, déle de vez en cuando una golosina.

Algunos fabricantes han creado unas golosinas especiales para utilizarlas como recompensa o regalo. No están mal, pero la comida favorita de su perro será igual de efectiva.

Usted es el líder de la manada

Si es más alto que su perro y permanece de pie junto a él, tiene ya mucha ventaja como líder de la manada. Está en condiciones de recompensar, y por lo tanto reforzar lo que reconocemos por buena conducta. Eso no sólo significa darle de vez en cuando alguna golosina sino también utilizar los juguetes favoritos y el contacto tranquilizador. Todo tipo de recompensa o disciplina, para que sea efectiva, necesita ocurrir inmediatamente después del incidente.

un líder claro en un propietario vacilante y dubitativo, por lo que intentará mandar él.

En tiempos de relaciones y confianzas fragmentadas, no es raro que en momentos en que se siente emocionalmente vulnerable la mujer piense en adoptar a un perro para que la proteja en casa. Cabe decir lo mismo en ese caso: el perro será dominante y, por lo tanto, inseguro. En ambos episodios podemos ver claramente cómo nuestros errores son los causantes de los problemas de conducta del perro, algunos de los cuales terminan fatalmente en una eutanasia.

Labrador

Desgraciadamente, la mayoría de los propietarios no adiestran a su perro de un modo formal y sistemático; y no suelen ser muy constantes en la asistencia a las clases de instrucción. Las sesiones en sí pueden resultar útiles, pero no esenciales; lo más importante es que el propietario comprenda qué es lo que pretende, le instruya adecuadamente y, lo esencial, que le ofrezca una imagen clara de líder benevolente a su perro.

Es este último aspecto el que puede causar problemas. En nuestro mundo moderno hay a quienes les resulta difícil saber cómo deben comportarse: en el "mundo de hombres" anterior a la última mitad de siglo, en que el hombre era un "proveedor", se suponía que el hombre mantenía una relación más pragmática y directa con los perros. Es discutible hasta qué punto han cambiado los hombres, pero no tanto que ahora parecen tener dificultades en ser firmes y asertivos. El perro dominante no verá

Controlando

En la relación con su perro el dominante debe ser usted, aunque no hay que confundir "dominante" con "tirano". Tiene que ser un líder firme pero benevolente, no un déspota. La actitud tiránica no hará más que exacerbar los problemas de los perros dominantes o cautelosos.

Órdenes claras 51

Cualquiera que sea la forma en que se comunica con su perro, ya sean breves y claras órdenes verbales, lenguaje corporal o señales, o un control remoto, tiene que ser clara e inequívoca. Es esencial que sea usted quien lleva la iniciativa de momentos como el de comer o salir a paseo, y no el perro; de lo contrario, tendrá que enfrentarse a sus intentos de usurpar su posición de dominio en la relación.

El "dominio pasivo" que se concreta en acciones como no dejar que el perro cruce una puerta antes que usted, no darle de comer antes ni permitirle que tire de la correa, también es muy importante. Su lenguaje corporal, de la amplia apertura cuando le da la bienvenida a su rigidez cuando le manda, tiene que ser claro. Cuando le transmita un mensaje, tienes que ser más actor que fiel a sus emociones.

Las órdenes a distancia hay que dárselas en un tono animoso y estimulante. Su lenguaje corporal es especialmente evidente si se aleja, no si se acerca, pues el movimiento provocará su respuesta al alejamiento de la "manada". En la instrucción en espacios abiertos deberá utilizar señales específicas, como gestos de las manos que acompañen sus órdenes verbales. La posibilidad de que sus señales, el movimiento de su cuerpo o sus gritos parezcan ridículos no debe cohibirle, tenga presente que los perros fuera de control puede provocar accidentes y ser peligrosos.

Buena parte de su sistema de comunicación se basará en la recompensa. El perro tiene que entender que sólo se le recompensa la buena conducta: no deje que un trato arbitrario lo confunda respecto del sistema de mando. Cuando haga lo que le ordena, recompénselo, y recuerde que el cronometraje es básico.

Deje de recompensarlo con golosinas a medida que esté mejor adiestrado, cambie a los elogios. Al perro le gusta saber que le entiende y le obedece a usted, que existe una relación a dos bandas. El perro es feliz y se siente más tranquilo si comprende claramente la relación que existe entre ambos.

Darle la espalda al perro cuando quiere expresarle que deja de prestarle atención debe ser un gesto limpio y definido. Los perros son listos, pero si manifestamos nuestras intenciones de un modo comprensible e inequívoco, les resulta más fácil obedecer. Su perro le evalúa constantemente, si deja que se tumbe con usted en el sofá, que coma junto a usted en la mesa o que reaccione agresivamente con los demás, le está dando mucha información, casi toda mala.

CONTROL CONFIADO

- Déle órdenes claras a su perro para que sepa que confía en su control.

- No intente avasallar a su perro, puede ser contraproducente.

- Sea firme y claro, pero analice también lo que está ocurriendo y cómo se comporta su perro, e intente calibrar hasta qué punto su instrucción y su conducta le quedan claros al perro.

- Palabras como "siéntate" son cortas, tajantes y claramente distintas de las que compartimos con él durante los paseos, y el perro comprende dicha diferencia.

- Asegúrese de que lo que más claro le queda es: "Va todo bien, yo controlo".

52 La utilización de la correa y el collar

La correa es el objeto más importante de todos cuantos nos ayudan en la instrucción, porque permite controlar al perro. Con los animales de mayor tamaño, incluso con los que están bien adiestrados, hay que tener una buena correa: no la compre corta, una correa de paseo e instrucción estándar tiene que ser lo bastante larga como para que pueda sujetar al perro cerca de usted o dejarle a una distancia de paseo razonable. Existen correas de instrucción ajustables a tres distancias útiles para las tres alternativas.

Los cachorros deben llevar un collar de un tamaño adecuado, blando y lo bastante ancho como para que cubra dos vértebras. Habrá que cambiar el collar a medida que el perro crezca. Lo recomendable es que exista siempre un espacio de dos o tres dedos de ancho entre el cuello y el collar del perro, menos resulta restrictivo y más, un collar demasiado suelto, se puede escurrir en cualquier momento. Asimismo, las correas de los cachorros no deben ser demasiado pesadas. Para los perros adultos, un simple collar con una hebilla y un enganche para la correa es suficiente.

Las cadenas de seguridad y los collares de castigo pueden ser eficaces si se utilizan correctamente, y en la actualidad somos mucho más precavidos respecto de su uso, pero sólo hay que utilizarlos en un contexto de instrucción y en momentos puntuales de presión. La anilla de la cadena tiene que rodear la parte frontal del cuello del perro, y el lazo debe pasar a través de la anilla del lado del perro en que queda el propietario, que queda a la derecha del perro. El peso de la cadena descansa sobre el cuello del perro, menos cuando la utiliza para corregir. Evite utilizar collares de castigo de doble cadena con cachorros o perros con el cuello delicado, y nunca como restricción constante de un perro que tira de usted sin cesar, constituye un error garrafal y puede ser perjudicial.

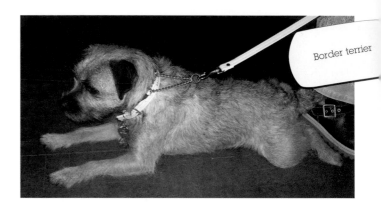

Border terrier

Una forma mejorada de collar educativo de doble cadena, que le permite controlar al perro sin que éste corra ningún riesgo, es el collar combinado, en que la mitad de acero queda en la parte trasera del cuello del perro y la mitad de tela lo sujeta por la tráquea. No obstante, aunque pueden ser necesarias para instruir a un animal especialmente revoltoso, debemos recordar que pueden dañar la tráquea. Pasear a un perro no tiene que constituir un *tour de force* en el que gana quien más tira, una instrucción y un control adecuados tienen que poder resolverlo.

Los bozales y arneses se pueden utilizar en casos particulares. En los últimos años han aparecido en el mercado unos bozales especiales que sujetan el hocico del perro y el cuello a la vez. Si el perro tira de la correa, su propia presión lo obliga a bajar la cabeza, lo que bloquea la acción. Otros bozales tiran de la cabeza del perro hacia atrás, hacia el propietario, reduciendo así su capacidad para tirar de él.

Lhasa apso

Muchos propietarios utilizan arneses, pues no constriñen la respiración del perro y ejercen toda la fuerza sobre el cuerpo. Sin embargo, utilizar un arnés requiere que el perro haya sido bien adiestrado a caminar junto a su dueño. Si, de pronto, se le ocurre pegar un tirón de la correa, puede ser peligroso para un propietario debilitado o con el equilibrio inestable.

De entrada puede resultar extraño, pero buena parte de la instrucción temprana que un perro recibe acerca de una casa hay que realizarla con el animal atado a una correa. Lo acostumbrará al uso de la correa y el collar.

COLLARES Y CORREAS
DE EDAD TEMPRANA

Al parecer, los perros llevan collares desde que las personas los han adoptado en propiedad e instruido. Los collares
aparecen en imágenes y pinturas muy antiguas, por
ejemplo, en los perros de esta estela (piedra memorial)
del año 2000 a.C., perteneciente a la dinastía 11, la del
faraón Antef, del antiguo Egipto.

También nos han llegado collares de perro históricos,
algunos están hechos de cueros resistentes, otros de latón
con pernos, enganches y las iniciales del propio dueño
y el escudo de armas, en caso de tratarse de un noble.
En las imágenes de los voluminosos mastines del palacio
de Ashurbanipal de la ciudad asiria de Nínive (645 a.C.),
también llevan collar y van atados a una correa. En la
imagen adjunta (abajo), un relieve mural perteneciente a
una mastaba de la corte del visir Ptah-hotep, de la V dinastía, en la que vemos a unos basenjis de patas largas con
collares utilizados en la caza del órix de cuernos largos y
otros animales.

Cocker
spaniel

Correas extensibles

Las correas retráctiles nos proporcionan flexibilidad y un buen grado de
libertad y control, pero debe asegurarse de usar una cadena cuyo peso
se corresponda con el tamaño de su perro. Tienen un dispositivo que
permite bloquear la extensión y utilizarla como correa fija.

53 Cuidados del cajón

Si a un perro se le ha proporcionado un cajón desde su más tierna infancia, no será un lugar de confinamiento sino de tranquilidad. Mandar al perro a su cajón no es para castigar, pero suponen un buen instrumento de instrucción, y tienen la ventaja añadida de que ofrecen un lugar seguro donde llevarlos de viaje en espacios cerrados y protegidos. Con los perros que no reaccionan diligentemente a la instrucción en casa, los cajones son de una gran ayuda como espacio de juegos del cachorro.

Sin embargo, el método del cajón no es infalible, especialmente si los dejamos permanecer en él durante la instrucción en casa, o si el perro tiene un jergón demasiado grande comparado con su tamaño. El mal uso del jergón puede suponer un verdadero riesgo para un perro joven. La naturaleza de un perro adulto depende de la socialización, y el aislamiento le puede reportar trastornos emocionales. Los perros no deben estar encerrados durante largos periodos, porque se estresan y eso les causa problemas de conducta. En algunos casos, los perros pueden mostrar signos de malestar cuando se los deja sueltos en circunstancias nuevas o no restringidas, incluso en su propia casa. Desafortunadamente, algunos propietarios interpretan que "les gusta estar en el cajón" y no se dan cuenta de que el abuso de encierro les ha provocado agorafobia.

Los perros son animales sociales, y hay que dedicarle atención positiva a su bienestar y su equilibrio. Por ello, no sólo es esencial limitar el tiempo que pasan en el jergón, también debe haber interacción y hay que practicar ejercicios con ellos cuando están fuera.

Sealyham terrier

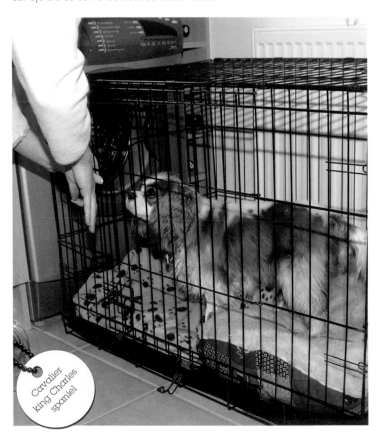

Cavalier king Charles spaniel

ADIESTRAMIENTO DEL CAJÓN

Antes de utilizar el cajón para la instrucción que realiza en casa o sus cuidados, es importante que el cachorro se haya familiarizado con él de modo que quede establecido su rol como guarida. Asegúrese de colocarle el cajón en un lugar de la casa de donde no pueda caerse o donde nadie tropiece con él. Preferiblemente, que esté cerca de usted, un rincón de la cocina, o de la habitación por las noches; a los perros les gusta tener el cubil junto a sus dueños.

Deje la puerta del cajón abierta, y ponga en su interior el jergón donde duerme, agua en un bol que no pueda tumbar y un juguete. Luego, anime a su perro a meterse dentro con el estímulo de una golosina y una frase clara que utilizará cada vez que quiera que lo haga, como "al cajón". En la mayoría de los casos, los cachorros aceptan rápidamente el cajón como su "base" y se meten dentro por iniciativa propia.
Cuando su perro haya estado un rato entrando y saliendo del cajón, cierre la puerta y verá cómo no tarda en dormitar. No obstante, una vez que haya empezado a utilizar el cajón-cubil, recuerde su responsabilidad para con su perro, asegúrese de que ha practicado ejercicio antes y después y no le tenga más de dos horas encerrado.

84   Instrucción de un perro que crece

"Siéntate" es una de las órdenes más importantes de la instrucción básica. Obligarle a adoptar posición sentada le resultará útil si quiere apartarlo tranquilamente de otras actividades menos deseables, para enseñarle a esperar antes de cruzar la calle durante los paseos y para mostrarle nuestro control diciéndole cuándo hacerlo.

Husky siberiano blanco

Cuando lo haya repetido varias veces con éxito (y verá con qué rapidez le capta el perro), cambie de posición y colóquese con el perro a su derecha. Utilizando la mano derecha, sostenga un regalo frente a su nariz, acaríciele la cabeza con el puño cerrado y hacia atrás. Dígale de nuevo "siéntate" cuando el perro vaya a hacerlo, recompénselo verbalmente y luego déle el regalo.

Si utiliza un dispositivo instructor de mando a distancia (véase apartado 87, p. 122), espere a que su perro se siente por casualidad o acciónelo. Cuando esté ante usted, enséñele el regalo, dígale "siéntate" y accione el dispositivo justo cuando se esté sentando, luego déle el regalo. Repítalo varias veces. Advierta que, con la instrucción con control remoto aún no ha dicho nada, ni órdenes ni elogios. La próxima vez que lo haga, dígale "siéntate" antes de mover la mano en la que va el regalo, y repítalo algunas veces más.

La manera tradicional de enseñar el "siéntate" empieza por tener al perro sujeto a una correa y a su izquierda. Sujetar la correa sobre su cabeza con la mano izquierda, y presionar suavemente hacia abajo sus cuartos traseros, a la vez que le dice "siéntate" también funciona.

Utilizando el sistema de recompensas moderno, haga que el perro se acerque a usted y se quede de pie y de cara. Luego, sujetando en la mano derecha una golosina que el perro está mirando, levante el puño, y el brazo, sobre su cabeza. Esto hará que se siente. Cuando empiece a sentarse, dígale "siéntate". Luego, elógiele, y déle la golosina. Si no funciona puede que el perro esté demasiado lejos de usted, de modo que mientras sigue su mano no retrocede. Con los pequeños perros mascota, ¡no levante demasiado la mano o acabarán bailando sobre las patas traseras!

Perro mestizo

55 Quieto

"Quieto" es un desarrollo necesario del "siéntate". Por la seguridad de su perro, habrá momentos en que quiera que se esté quieto durante un rato, por no hablar de cuando está en la camilla del veterinario. Esta orden también es útil para el control general, sobre todo si tiene visitas. Sin embargo, no le deje demasiado tiempo en esta posición, ¡recuerde que se lo ha impuesto usted!

Pastor alemán

Si su perro se mueve demasiado cuando va con la correa floja, utilícela como un soporte vertical a la altura del brazo: ayudará al animal a comprender su petición inicial. Desarrolle la actividad soltando cada vez la correa un poco más. Tras varias sesiones de tanteo con la correa, repita el ejercicio sin sujetar al perro.

Si recurre al método del dispositivo (véase apartado 87, pág. 122), considérelo también un desarrollo del "siéntate" que se convierte en "quieto" aunque ampliando el tiempo que trascurre desde que se sienta hasta que acciona el dispositivo y le da la recompensa. Hágalo por etapas: diga "siéntate" y espere cinco segundos antes de accionar el dispositivo y recompensar al perro, la próxima vez espere diez segundos y vaya aumentando aproximadamente hasta un minuto. Si ve que su perro va a levantarse, accione el dispositivo y recompénselo para reforzar la orden.

Pastor de los Pirineos x San bernardo

Border collie

Perros nerviosos

Con los perros que presentan problemas por separación, entre los que se cuentan los perros rescatados de refugios, hay que tener en cuenta que esta orden puede resultarles difícil de cumplir. Por lo tanto, deberá dedicarle más tiempo a repetir el ejercicio cerca del perro que si no fuera tan ansioso.

Ven

56

Ahora que su perro ha aprendido a sentarse y a estarse quieto, el ejercicio más importante de la instrucción básica es asegurarse de que viene cuando lo llamamos. En muchas situaciones éste constituye el ejercicio que mejor debe realizar el perro, pues si le llevamos suelto y corre algún peligro, bastará con que lo llamemos.

Labrador negro

Desde el mismo momento en que adoptemos al perro deberemos aprender a llamarle por su nombre de modo que sepa que nos estamos refiriendo a él. En el siguiente ejercicio se utiliza su nombre automáticamente.

Con el perro atado a una correa de instrucción larga, dígale que se siente y se esté quieto, y aléjese unos 3 m de él. Dése la vuelta, deje que vea el premio en comida que lleva en la mano, pronuncie el nombre de su perro con tono animoso seguido de la instrucción "ven". Hay quien prefiere apuntar al suelo con la mano a la vez que ofrece el regalo para que el perro asocie el movimiento con la orden. Otros prefieren abrir los brazos en gesto de bienvenida e, incluso, agacharse para subrayar el efecto. En cualquier caso, sea coherente. Repita el proceso.

Se considera una buena práctica ordenarle al perro que se siente cuando llega a nuestra altura. Si ha conseguido que se incorpore cuando le dice "ven" sosteniendo una golosina en la mano, al nivel de la cintura, el perro se sentará automáticamente con la vista fija en la comida. Es más seguro y controlado que su perro se siente obedientemente cuando llega junto a usted.

Cuando se mueva para quitarle la correa, recuérdeselo claramente al perro, es aconsejable iniciar estos ejercicios en un entorno delimitado y sin distracciones. Como en los demás ejercicios, vaya eliminando la golosina con la que refuerza la buena conducta a medida que el perro responda correctamente a la orden. El presente es el ejercicio más divertido de cuantos deba practicar con su perro, pues deberá poner un énfasis muy gracioso a sus palabras.

Si utiliza el método del dispositivo de control remoto (véase apartado 87, pág. 22), quédese en pie con el brazo estirado hacia abajo y la golosina en la mano y diga el nombre de su perro. Cuando el perro se dirija hacia usted, accione el dispositivo y déle la golosina. Repítalo, manteniéndose un poco más retirado. Tras unas cuantas veces sin pronunciar palabra alguna, utilice la orden "ven" después de llamarle por su nombre.

Túmbate

Como el perro estará más cómodo tumbado que sentado, probablemente ésta sea la postura que le resulte más agradable cuando pase un largo rato con nosotros, al principio en casa y luego en cualquier otra parte.

Cavalier king Charles spaniel

Haga que su perro se tumbe a su derecha. Agite la mano izquierda, con una golosina oculta en el puño bocabajo, justo enfrente de su perro, arrodíllese e inclínese hasta que su mano derecha esté a unos 30 cm del suelo. (Si tiene problemas en el cuello, la espalda o las rodillas, le será más cómodo empezar directamente arrodillado.)

A medida que el perro se incline, siguiendo su mano, dígale "túmbate". Cuando se haya tumbado, déle la golosina a modo de recompensa de refuerzo. Cuando ya haga bien el ejercicio, colóquelo de nuevo frente a usted y repita como antes.

Para utilizar la técnica del dispositivo (véase pág. 122), sostenga una golosina en la mano cerrada hacia abajo como antes y bájela hasta el suelo delante de su perro. Cuando él se haya estirado, accione el dispositivo y coloque la golosina en el suelo, delante de su hocico y entre sus piernas. (Si le deja la recompensa delante, evitará que intente seguir su mano hacia arriba.) Una vez que haya repetido varias veces el procedimiento, introduzca la palabra "túmbate" cuando baje la mano, e insista unas cuantas veces más.

Perros vulnerables

Algunos perros notan que los ejercicios en los que tienen que tumbarse les hacen sentirse vulnerables, pero la recompensa inmediata les tranquiliza. No cometa el error de intentar presionar al perro hacia el suelo manualmente, si es un animal dominante puede alterarse.

Pastor del Pirineo x San bernardo

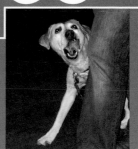

Una de las enseñanzas básicas para la seguridad del perro es aprender a caminar junto a nosotros. Pese a que hasta los 12 meses no podemos dejar suelto al perro porque todavía no lleva las vacunas necesarias, podemos llevarle a pasear atado a la correa. Enséñele a caminar junto a usted, primero en casa y luego en el jardín.

No hay una única manera de practicar este ejercicio tan importante. Algunos instructores son de la opinión que es mejor practicarlo después de enseñarles a sentarse, otros que antes; también los hay que consideran mejor enseñarle al principio sin atarlo con la correa, y otros que todo lo contrario.

Cualquiera que sea el sistema, si se practican primero en casa y le recompensan con una golosina, suele funcionar: el sistema de aprendizaje basado en las recompensas es muy eficaz, pero es importante que pronuncie las palabras "a mi lado" cuando emprende el paso. (También es recomendar agitar la mano ante la cara del perro cuando se dice "a mi lado".)

Para la instrucción que se realiza en casa y en el jardín lo más apropiado es un collar blando: acostumbre al cachorro a llevar el collar sólo durante breves espacios de tiempo, y luego habitúele a pasear por la casa sujeto a la correa, aunque muy floja.

Cuando esté completamente relajado con la correa y el collar, pase a enseñarle a caminar junto a usted. Sujétele con la mano derecha, y que la correa pase por delante de usted mientras caminan, sosteniéndola con la mano izquierda. Haga que su perro se siente, colóquese frente a él, hágale saber que lleva una golosina en la mano izquierda; póngase entonces a su derecha y mantenga la mano izquierda en la cintura.

Cuando emprenda el paso con el pie izquierdo, dígale claramente "a mi lado" mientras camina al frente; el deseo natural del cachorro será avanzar con usted. Colocando cuidadosamente la mano de la golosina desviaremos su deseo de avanzar frente a nosotros.

Algunos instructores prefieren controlar suavemente el movimiento de avance de los perros sosteniéndoles del collar y diciéndoles "aquí"; otros prefieren dejarle el control de la maniobra a la golosina con que recompensan al animal. Para girar, mueva la mano con la golosina en la dirección requerida; el perro le seguirá. A veces es útil decirles "quieto" para anticipar los giros.

Hay cachorros que responden mejor si llevamos un juguete en la mano izquierda. La correa acostumbra a estar afianzada en la mano derecha, puesto que la mayoría somos diestros y, si el perro tira, es mejor sujetarle con el brazo más fuerte.

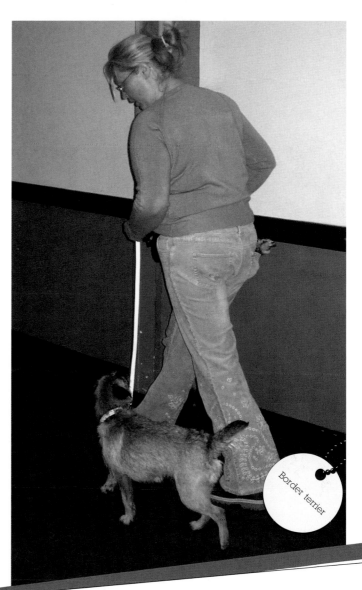

Border terrier

Instruir a cachorros

Recuerde que las sesiones de ejercicios de un cachorro deben ser cortas, porque se cansan. No le riña, utilice la recompensa y el elogio para conseguir la conducta que desea. No intente instruir al cachorro si está aburrido, porque los perros cansados o aburridos no dan pie con bola y el adiestramiento no obtendrá buenos resultados.

5

Abordar los problemas

Cavalier king
Charles spaniel
(CKC spaniel)

Evitar problemas de conducta

Los propietarios de los perros, como los padres, son responsables de proporcionar las orientaciones e instrucciones adecuadas, y a menos que se tracen un plan de acción apropiado y lo sigan religiosamente,¡tienen el caos asegurado! Los propietarios tienen la obligación de cuidar de su perro igual que cuidan de los miembros de su familia.

Cavalier king Charles spaniel

Muchos de los problemas de conducta son achacables a una actitud inapropiada de su dueño debida a que no ha entendido el punto de vista de su perro. Fundamentalmente, la mala conducta de un perro es aquello que nosotros consideramos inapropiado en nuestras propias vidas, pero que constituye una conducta canina normal. Lo que damos en llamar conducta destructiva es la conducta estándar de un perro. Resulta bastante razonable: si puede morder huesos y juguetes, ¿por qué no el resto de cosas que hay en casa? Distinguir entre ellas es tarea del dueño.

Dominio y agresión

Si se mira bien, la mayor parte de las veces en que un perro muerde a un niño es porque el dueño ha dejado a un grupito de críos alborotadores a solas con él. Cuando la persona dominante se va, el perro no se percibe en un rango menor que los niños de la "manada", y eso puede estimular su competitividad, especialmente jugando a la pelota. Cuando los dueños llevan a los perros de paseo a un territorio neutral donde se encuentran con otros perros, como un parque, la relación de mayor riesgo potencial es siempre entre animales del mismo tamaño y la misma edad. En esos casos, la reacción del propietario es básica: tirar de la correa del perro aumenta dramáticamente el riesgo de agresión e incluso de pelea. Haber planteado mal la cuestión del dominio constituye el gran error al que hay que atribuirle todos los problemas de un propietario con su perro. Con demasiada frecuencia, los propietarios de perros pequeños creen que no necesitan instruirlos "porque no pueden hacer nada malo". Los perros pequeños agresivos pueden ser igual de destructivos en el hogar que un perro grande, y es un error absoluto tratarle como un bebé y justificárselo todo sin tener en cuenta sus necesidades. Los perros que muerden y son agresivos, sean grandes o pequeños, pueden ser un auténtico peligro; en la mayoría de los países desarrollados la ley los reconoce como tales, y los elimina.

Problemas en casa

Bóxer

La instrucción no es infalible. Si se realiza por defecto, y el perro aprende todo lo que está mal y no es garantía de que el animal no sea destructivo en casa. Cuando reconocemos que nuestro perro tiene una mala costumbre, o varias, tenemos que pensar primero en cómo hemos actuado nosotros, si existe la posibilidad de que hayamos creado el problema, o lo hayamos empeorado.

Mucha gente está completamente engañada y tiene una imagen idílica e irreal acerca del estado de su relación con su perro. En muchos hogares del mundo desarrollado, las relaciones familiares son turbulentas y la conducta disonante y agresiva del perro o los perros de la casa contribuyen a la infelicidad de sus miembros. Como consecuencia, los miembros de la familia se alinean en bandos y surgen problemas y complicaciones que vienen a sumarse al malestar entre la pareja, entre padres e hijos. Por ejemplo, que durante una comida familiar difícil el perro moleste a los comensales porque uno de ellos tiene la costumbre de irle pasando pequeños bocados.

A veces, los propietarios no son conscientes de la magnitud de sus problemas, pero los visitantes sí, especialmente cuando los anfitriones les preguntan, nada más llegar: "¿Les gustan los perros, verdad?" La tranquilidad de los visitantes puede alterarse si un perro de dimensiones considerables irrumpe en la situación o se abalanza sobre ellos con el riesgo de que les hagan perder el equilibrio. Es probable que ese mismo perro intente aparearse con la pobre pierna del visitante a la primera ocasión. Y qué decir de cuando el invitado no puede sentarse junto a su anfitrión porque el sofá está ocupado por un perrito ladrador ni en la silla "favorita del perro"…

Esas situaciones son fruto del error. Un hogar en el que no exista una consideración adecuada hacia el perro y sus compañeros humanos no es agradable para un perro. Para las personas… ni que decir tiene. Recuerde que, durante siglos, sólo los perros mascotas eran domésticos en el sentido que actualmente le damos al término –los perros de labor no tenían acceso al hogar– y que debe actuar apropiadamente en su trato con el perro.

Bóxer

NO PARKING BEYOND THIS POINT

Shar pei

El papel del propietario

El conductista canino Roger Mugford ha señalado que culpar a los propietarios puede dar lugar a sentimientos de "culpa y fracaso". Tiene razón, los perros presentan problemas de conducta debido a un amplio abanico de razones, y el sexo (los machos son los más dominantes) es una de las más importantes junto con la raza, las características de la misma, el origen del perro y –la razón determinante– si de cachorro ha sido correctamente socializado. También hay incidentes veterinarios que explican el malestar de un perro. Con todo, y a pesar de que no seamos la causa del problema, podemos contribuir a mejorar la situación.

Hay que tener en cuenta que el perro se comunica constantemente con nosotros. Si el perro ha captado una información que le crea una mala costumbre, o la empeora, debemos cambiar nuestra manera de verle, para que él cambie también. No sólo será beneficioso para nosotros y nuestras relaciones familiares, las posibilidades de supervivencia del perro también aumentarán. Desgraciadamente, todos nosotros conocemos a propietarios de perros problemáticos que, aparentemente, aceptan al animal "como es" y no confían en poder modificar la situación.

Los únicos que pueden cambiar la vida de los perros son sus propietarios. Espero poder ayudarle a elaborar un programa para mejorar la conducta de su perro, así como su relación con él, consultando la página relativa a la cuestión y otras referencias de este libro. La mejora se efectuará independientemente de que su perro tenga problemas de conducta, no hay que olvidar que son muchos los perros que viven felizmente con sus propietarios sin crear problema alguno.

En esta sección del libro encontrará información relativa a los problemas específicos así como consejos prácticos. Sin embargo, si su perro tiene un problema es probable que tenga varios. Por ello, la actitud básica para reducir el riesgo de tener problemas con él consiste en:

• Ser un líder benevolente aunque firme.
• Permitirle practicar ejercicio regularmente y durante el periodo que sea necesario.
• Practicar ejercicios de instrucción básicos.

Las soluciones de la página 101, por ejemplo, no sólo están indicadas en los casos de agresión, sino también para cualquier tipo de relación.

Si no consigue solucionar el problema usted mismo, le resultará de gran ayuda acudir a sesiones con un instructor o consultar a un conductista canino profesional. En Gran Bretaña, acuda al British Institute of Professional Dog Trainers, la Association of Pet Behaviour Counsellors or the Canine y la Feline Behaviour Association; en Estados Unidos, la Association of Pet Dog Trainers, la Asociación Internacional de Consultores sobre Conducta Animal o sus equivalentes.

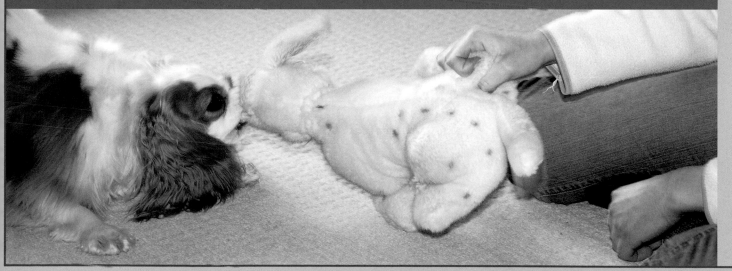

59 Tirar de la correa

Es uno de los problemas más comunes y muestra una falta de control fundamental. Si tiene un perro adulto que tira de la correa, no desespere, no es el único. Dése una vuelta y verá que una tercera parte de los perros atados a una correa van tirando de sus propietarios.

Shar pei

LO QUE NO HAY QUE HACER

Lo que nunca hay que hacer es debatirse, tironear del perro cada vez que salgamos de paseo. La opresión que el perro sufrirá en la tráquea le obligará a proferir extraños sonidos de ahogo, a la vez que reforzará su creencia de ser el líder dominante. Del mismo modo que tirar de un perro cuando éste pretende atacar a otro puede desencadenar la pelea, tirar del perro durante el paseo hará que, inevitablemente, él tire a su vez. No lo haga, incrementa o, sencillamente, causa el problema con esa actitud.

Durante años, los propietarios han soportado que les han arrastraban por la acerca mientras ellos intentaban mantenerse en equilibrio. Cuando visitan a un instructor canino profesional que, en cuestión de minutos, transforma al perro en un agradable compañero de paseo, no logran dar crédito. No toda la instrucción y corrección de la conducta de un animal lleva el mismo tiempo; algunos cambios son rápidos.

Tirar de la correa suele ser un rasgo del carácter dominante de su perro, aunque también puede ser debido a falta de ejercicio o a demasiado confinamiento. A los perros les gusta tanto pasear, que salen a todo correr. Pasear con un perro que tira de nosotros puede ser una experiencia muy desagradable, especialmente si se padece de la espalda o el cuello, hasta el punto de disuadirlo, o de evitar hacerlo con la frecuencia debida.

Shar pei

En dicha situación, hay que volver a toda la gama de la instrucción básica y a reforzar su papel como perro dominante. Es especial-mente importante practicar los ejercicios "a mi lado", pues a ese nivel da lo mismo enseñar a un cachorro que a un perro adulto. La regla más eficaz para evitar que un perro adulto siga tirando de la correa es darse la vuelta de pronto y emprender el paso en otra dirección. Elogie al perro si sigue su paso, como probable-mente hará en un inicio. Cuando empiece a tirar de nuevo, repita, y repita la misma operación de cambiar de rumbo. Al cabo de unos minutos la mayoría de ellos habrá entendido que usted es el que dicta la dirección, que usted está al mando, y seguirá sus pasos.

Sujetar y tirar de la correa

60

Cuando el cachorro empieza a familiarizarse con ese accesorio tan crucial, la correa, reacciona ante él como si fuera un juguete: la sujetan con la boca, la tironean y incluso la mordisquean iniciando un juego de tracción. En general, es una expresión de su alegría infantil, pero hay que impedírselo para no perjudicar el programa de instrucción.

La correa de soga trenzada es un signo claro de que el propietario necesita una cuerda fuerte para contrarrestar los tirones del perro, y a pesar de ello, el cachorro consigue hincarle el diente. Si un perro lleva la correa mordida y deshilachada porque la ha convertido en un juguete para el tira y afloja, el propietario ha abdicado de su control y el perro ha escalado tanto en la posición de dominio que la situación no es segura.

Existen juguetes específicos para el tira y afloja que no deben utilizarse con los perros dominantes, pues el dueño puede "perder" a ojos de éste. Nunca hay que utilizar la correa para estos fines, el perro que acostumbra a darle ese trato a la correa suele ser el mismo que tira de ella durante los paseos. Ello tiene unas implicaciones jerárquicas para usted y su familia, y enseñarle apropiadamente a un perro a llevar y asumir la correa constituye una necesidad básica. Algunas razas son más dadas a morder y a tirar de la correa. En un estudio realizado por Scott y Fuller en Estados Unidos, los basenjis mostraron dicha tendencia, mientras que los fox-terriers de pelo liso y los cocker spaniels son los que mejor aceptan la correa.

SOLUCIONES

Rocíe el collar con un aerosol de sabor amargo.
Los hay a su disposición en veterinarios y tiendas especializadas.

Vuelva a la instrucción básica del "siéntate" (véase página 85) y a caminar con el perro sujeto a la correa.
Puede que sea necesario que empezar de nuevo en el interior de la casa, para minimizar las distracciones del mundo exterior.

Si el perro muerde la correa, dígale "no" con voz firme y ordénele: "¡siéntate!". Deje que el perro esté quieto y sentado unos 30 segundos, más si es necesario, y recompénselo después.
Si emprende el paso con el perro junto a usted, sujetándole por la correa, el animal le seguirá. Elogie su buena conducta y no olvide un juguete o una golosina que le distraiga de su intención de morder la correa.

Practique ejercicios en los que le devuelva objetos.
La repetición de esta maniobra acostumbra al perro al hecho de que quien está al mando es usted. Cuando recoja el objeto dígale: "ven" y cuando regrese a su lado: "dame", y luego recompénselo.

Asegúrese de estar dando las señales de dominio pasivo que el perro requiere para entender que usted manda.
Por ejemplo, en calidad de líder, quien cruza la puerta antes es usted, no el perro; usted va delante en las escaleras. No le permita al perro que duerma en su misma cama o se suba a los muebles, y así sucesivamente. Ratifique que el perro ha recibido la instrucción y respeta esos signos.

Puede utilizar el bozal para instruirlo o reinstruirlo.
El ronzal no es un bozal, pero un tironcito suave en la correa tiene por efecto cerrarle la boca al perro y echarle la cabeza hacia atrás.

Airedale x alsaciano

Conocer a la madre

Existe un componente genético significativo en la reacción a la correa. Un estudio realizado en Estados Unidos mostró que, entre los perros mestizos, los cachorros de primera generación se comportaban de un modo similar a sus madres.

61 Que no acuda a nuestra llamada

Antes de marcharse del parque, hay que volver a atar al perro a la correa. Le llama, pero él no acude. Usted se siente ridículo, y la exasperación se traduce en un tono de voz muy airado, y cuanto más le llama, él más se aleja. ¡Cuando por fin le alcanza su frustración es tan evidente cuando le riñe que, un error sucede a otro!

Sobrestima a su perro si cree que él no es capaz de anticipar que ha llegado el momento de aceptar de nuevo la correa mientras van hacia la salida del parque y que ése es el único momento en que le llama. Deben realizar una serie de ejercicios de instrucción mientras pasean, lo que incluirá llamar a su perro para que acuda. Intente no ponerle siempre la correa en el mismo punto del paseo y, lo más importante, no le riña cuando se acerque ni mientras le pone la correa, porque eso crea un vínculo negativo y reduce sus ganas de regresar y, por lo tanto, es totalmente contraproducente.

Evidentemente, no debe correr tras el perro, porque él lo tomará como un juego competitivo y se animará a correr más. Vemos a menudo a propietarios que corren tras sus perros, intentando pillarles, como si formara parte de un paseo normal, e ignoran que han creado un patrón de instrucción incorrecta que refuerza su mala conducta. Si se siente usted inseguro del lugar que ocupa en la manada particular de su casa, esta conducta no hará más que subrayárselo al perro. Los machos dominantes son los menos dados a prestar atención al adiestramiento, con lo cual su rol será más significativo. Recuerde que su perro es un animal de manada, si usted se aleja, le seguirá.

Si lleva alguno de los juguetes favoritos del perro en una bolsa o en el bolsillo, posee un potente imán canino, y puede utilizarlo para jugar con su perro durante un tiempo. No lo utilice para atraerlo y luego le asalte con la correa; por el contrario, pase realmente un rato jugando con él y recompénselo con elogios cuando le haya mandado sentarse. Sólo luego póngale la correa. Cuando el perro comprenda que acercarse a usted no significa una reprimenda sino un elogio, acudirá a su llamada.

Si el perro no acude cuando usted le llama le está diciendo con claridad que es su conducta, de usted, y no la suya, la que está emitiendo señales erróneas. También demuestra que debe dedicarle más tiempo a su instrucción básica (véase página 79), especialmente a los ejercicios de "ven" tanto dentro como fuera de la casa. Si utiliza una correa extensible para asegurarse de que el perro no se aleja durante la instrucción, jamás tironee de ella y de su perro para restaurar el orden. Sólo para corregir su movimiento con un tirón breve y seco.

Una de las situaciones que más disuaden a un perro a acercarse a usted es que haya otros perros; por eso es tan eficaz asistir a clases de instrucción y practicar y recordar las órdenes rodeado de otros perros.

Pastor del Pirineo x San Bernardo

Sea animoso

Cuanto más lejos esté el perro, más tendrá que alzar la voz y recurrir a las señales visuales. Intente que sus gritos sean agudos, como notas repetitivas, o utilice un silbato, a la vez que lo llama por su nombre y le dice "ven" o "aquí", y le anima a hacerlo. Alejarse caminando puede funcionar, así como corretear dando vueltas y agitar los brazos y luego agacharse y seguir moviendo los brazos. ¿Qué curiosidad perruna podría resistirse a ello? Cuando la actuación del animal mejore, podrá dejar de ser tan extravagante.

Llegar a casa y encontrarse el jardín desbrozado y la habitación destruida por la acción del perro es una jugarreta cuyo motivo hay que buscarlo en la ansiedad por separación. No obstante, el aburrimiento también es un componente significativo. Intente descubrir si el perro está ansioso cuando está solo. Uno de los elementos distintivos de la ansiedad es que suele causar más de un problema asociado, así, cavar agujeros puede estar relacionado con los hábitos de evacuación.

Lobo gris

Si se aumenta regularmente el ejercicio a la vez que la instrucción, le estamos demostrando al perro que le prestamos atención y reforzamos el rol que debemos desempeñar. Ver que usted está al cargo de la situación también aumenta la sensación de seguridad del perro.

SOLUCIONES

- Cree un lugar en el jardín donde el perro puede liberar la tensión de la ansiedad y pasárselo bien escarbando.
- Prepárele un cajón de arena donde pueda hurgar, e inicialmente recompénselo repetidamente poniendo un hueso en el agujero favorito.
- Entierre las recompensas a mayor profundidad a medida que su perro se acostumbre al "rincón de escarbar".
- Para disuadir pasivamente a su perro de utilizar antiguas zonas de escarbar cuando está ausente, cúbralas de vez en cuando. (Para reducir la probabilidad de que su perro regrese a antiguos hoyos, cuando vuelva a casa del paseo con los excrementos del perro guardados en la "bolsita", colóquelos al fondo del hoyo y cúbralos. No es probable que muestre interés por ellos.)
- En las zonas cálidas, algunos perros se fabrican un hoyo fresco y sombrío. Para evitarlo, asegúrese de que haya zonas frescas en el jardín, y de que dispone de agua suficiente.
- Los perros no escarban después de comer, déle de comer por las mañanas y no por las noches.

Se puede morder todo

La destrucción puede no ser fruto de la ansiedad ni del aburrimiento, sino de que usted ha permitido que su perro creyera que se puede morder todo. Eso ocurre cuando, en un intento erróneo de ser amable, los propietarios le compran muchos juguetes al perro. No le deje más de tres juguetes a la vez.

Igual que la costumbre de cavar hoyos, la de morder los respaldos de un sofá también puede deberse a la ansiedad por separación, aunque no hay que descartar el aburrimiento. Dejar al perro solo sin haberle proporcionado el ejercicio que necesita es la vía rápida a la destrucción. En 1994, un estudio descubrió que los cachorros que pasaban mucho rato solos solían presentar una conducta destructiva de adultos.

Que un perro escarbe para enterrar su hueso favorito es una cosa, pero que escarbe por aburrimiento o frustración es la ruina de un jardín. La ansiedad por separación es uno de los temas clave, y los perros a los que han rescatado de refugios caninos tienen mayores posibilidades de ser inseguros y hurgar en todas partes cuando se quedan solos.

Golden retriever

Ansiedad por separación

El perro que se siente inseguro cuando se queda solo en casa suele ladrar o aullar para establecer algún contacto. Esta falta de seguridad es más propia de los perros que no se han socializado debidamente con las personas de pequeños. Un perro así sufre y molesta a los vecinos, intente no dejarle solo durante mucho rato.

CKC-spaniel

La habituación en sí consiste en dejar de preocuparse por la partida y por el tiempo para reducir la gravedad de la despedida, y en hacerlo paulatinamente. Deje que el perro crea que se va, pero regrese al cabo de un minuto más o menos. Repítalo varias veces, incrementando a la vez el rato de "ausencia". También es importante que no le monte un espectáculo a su perro al volver a casa. Ignórele y, al cabo de un rato de haberle tenido sentado, salúdele con tranquilidad. Todo eso hace que disminuya su tensión y que su llegada o su partida no cobren tanta importancia, así perderán carga emotiva para su perro.

La ansiedad por separación que experimenta un perro no sólo es fastidiosa para los vecinos; si se manifiesta con destructividad, puede convertirse en un auténtico infierno para los propietarios (sofás estropeados, habitaciones destruidas). Es comprensible que la primera reacción sea enfadarse con él y castigarle, pero no solucionará nada, y menos si no es justo después de que el perro haya causado los destrozos. La realidad es que el perro ha estado inquieto y por eso le ha causado un problema al propietario. Lo que hay que abordar es el motivo del malestar del animal.

Como ocurre con muchas de las conductas problemáticas relacionadas con el estrés, la ansiedad por separación es un fenómeno susceptible de ser tratado gradualmente. Es básico que el dueño no convierta en un drama su partida. La mayoría de nosotros anda con prisas para llegar al trabajo o a una reunión, y la tensión del hogar se resiente. Piense en lo que significa para el perro que le den de lado en un momento de tensión y comprenderá qué es lo que hace que la separación sea dramática. Antes de que sepamos controlar a nuestro perro, debemos saber controlarnos a nosotros mismos. Si estamos relajados cuando salimos de casa, el perro se altera menos.

SOLUCIONES

• Tranquilice a su perro dejando su aroma en alguno de sus juguetes favoritos, manoséelos. Si antes de marcharse le regala algo, como por ejemplo un hueso del tuétano, desviará su atención.

• Deje una pieza de ropa suya o con su olor en el cajón del perro, el olor reafirmará el contacto y le tranquilizará.

• Algunos perros reaccionan bien a comida con forma de juguete, los tiene entretenidos un buen rato.

• No le haga una "escena de despedida" al perro; márchese en silencio, sin que le vea.

• Durante el periodo de transición y ajuste, encierre al perro lejos de donde cuelga usted su abrigo y realice algunas señales de partida. Hágalo sin que el perro lo vea y, luego, márchese.

• El momento límite de la ansiedad es alrededor de media hora después de que se ha marchado el propietario. Téngalo presente cuando lo esté acostumbrando a su ausencia.

Pastor alemán

No existe un solo tipo de ladrido, y los problemas por exceso de ladrido suelen estar asociados a otras disfunciones de la conducta del perro. Si alguien se mueve furtivamente en su jardín, le encantará que su perro recuerde su pasado como perro de guarda y le avise. Sin embargo, no estará tan encantado si lo hace cada vez que alguien pase por la acera.

En general, ladrar excesivamente dentro de la casa (no sólo en situaciones en que se requiere el ladrido de guarda) es propio de los temperamentos activos, excitables y exigentes, características que comparten los perros que pueden abalanzarse sobre un niño. Los schnauzers miniaturas son de ésos y, a pesar de que son una raza juguetona, pueden tener problemas de dominación con sus dueños. Por el contrario, el golden retriever ladra menos en el hogar, incluso cuando está de guarda y, significativamente, no presenta problemas de dominio.

Cuando aborde el problema, evalúe las necesidades de su hogar y compruebe cómo ha establecido su dominio, o su carencia, a ojos del perro. ¡Si el perro se atreve a ladrarle o a contestarle, a impedirle que se siente en su propio sofá, tiene usted un problema de dominio!

Perro cruzado

SOLUCIONES

- Muéstrele a su perro que agradece que permanezca alerta pero que ya ha hecho lo que debía y usted se hace cargo de la situación mandándole que se siente junto a usted.
- Con las razas excitables, la orden de que se marchen al cajón distrae al perro de la conducta repetida originalmente. Acuérdese de elogiarle.
- Si ladra únicamente para llamar la atención, aléjese de él hasta que pare. Recompénselo sólo cuando deje de ladrar durante un rato considerable. Puede ayudarse de un sonido que le ordene parar o de cualquier otra distracción.
- No le grite, creerá que está interactuando con él, especialmente si se trata de un terrier.

Pastor alemán

Ladrar a petición

Una de las mejores maneras de tranquilizar al perro y reafirmar su propia autoridad ante él es enseñarle a ladrar a petición con la ayuda de unas instrucciones concretas. Cuando el perro ladre, utilice la orden "ladra", y abra y cierre la mano como si fuera la boca de un perro sobre su cabeza. Refuerce la orden con la consiguiente recompensa. Utilice un refuerzo similar para poner fin al ladrido.

65 Agresiones contra el dueño

En aras de la seguridad del propietario del perro, su familia y la demás gente –y por imperativo legal– es vital controlar su agresividad. Los problemas creados con las agresiones son la causa de que se les practique la eutanasia a perros jóvenes, por lo que es muy importante que el propietario evite el peligro.

Si su perro gruñe cuando usted quita sus juguetes, su comida o a él mismo de una silla, está mostrando su intento de dominio a partir de una agresión posesiva. Y, cuando un perro muestra agresión contra su dueño, estamos ante un conflicto mayor.

El perro debe tener grabado en la mente que el jefe de la manada es usted, no él. Debe ratificarle ese rol a menudo y de distintas maneras: la instrucción general de los ejercicios de adiestramiento contribuye a ello.

SOLUCIONES

- Es muy importante que le enseñemos al perro a andar a nuestro paso y a no tirar de la correa, pues cuando tira está adoptando la posición de dominio.
- Un control adecuado que impida que el perro cruce la puerta antes que usted demuestra que usted es el dominante.
- Proporcionarle sus cuidados de aseo también le coloca a usted en una posición de dominio.
- Cuando hay motivos para pensar que puede llegar a agredir, ordénele que se tumbe en el suelo, su posición será más baja y servil.
- Si se trata de un perro cuyo tamaño y peso nos lo permite, levantarle las patas delanteras del suelo le resta autonomía (algo parecido ocurre con los efectos a largo plazo de los cuidados de aseo).

No suele ser una buena idea responder con agresividad a un perro agresivo. En primer lugar, si reacciona así por miedo, puede morder (véase pág. 103), en segundo, si es porque es celoso de sus posesiones, también, (véase pág. 108) y asimismo, y en tercer lugar, acabará mordiéndole si se está mostrando posesivo hacia usted. Aléjese e ignórele, facilite o estimule que la situación se calme y luego, sistemáticamente, aborde el problema tal como hemos descrito más arriba. Si el perro se muestra agresivo con usted, los demás también están en riesgo, ponga en práctica las soluciones que aportamos. Si no lo consigue, busque la ayuda de un profesional, como un instructor, un conductista canino o un veterinario. No todos los problemas son fáciles de resolver, pero algunos sí.

Los perros muy dominantes no acostumbran a ser afectuosos y, al convertirse en adultos, amenazan con escapar de nuestro control.

La mayoría de los mordiscos ocurren cuando el propietario les está castigando y ellos reaccionan desafiando a su autoridad. Cuando el dueño se arredra, está reforzando la seguridad que el perro tiene en su estatus. Intente siempre evitar las confrontaciones.

La estrategia de ignorar al perro, dejar de mostrarle afecto y seguir los consejos que adjuntamos, logra normalmente que entienda que le sale más a cuenta respetarle a usted: ha conseguido elevar pasivamente su estatus de dueño. Utilice una correa de instrucción de 1'2 m y un collar para refrenar las conductas agresivas y dominantes, y recompense al perro cuando le obedezca.

Pastor alemán

Agresión hacia otras personas

Si su perro no se habituó apropiadamente a las personas cuando era un cachorro, querrá defender su manada y su territorio de los extraños; lo que constituye una conducta perfectamente normal para un animal gregario. Sin embargo, habrá que solucionarlo si deseamos recibir a los invitados y la visita del cartero sin incidentes.

Para ello, organice una "visita" teniendo al perro atado a la correa y al "invitado" ya en casa, sentado para que suponga una amenaza en menor medida y provisto de la recompensa en comida habitual para la instrucción del perro. El invitado no debe mostrarse temeroso y, en un inicio, debe ignorarlo y conversar de modo distendido con usted, el propietario, sin mirar al perro. Si el invitado puede quedarse unos días, el perro se acostumbrará a los "extraños", pero la visita deberá tener en cuenta que está participando en un programa de instrucción. Habrá que repetirlo regularmente, ¡de lo contrario usted se verá abocado a un modo de vida monástico!

En casos extremos de agresión, evalúe su situación y determine si necesita ayuda de un profesional tal como un instructor o un conductista. En algunos casos incluso puede ser necesario castrar a los perros machos.

Del 60 a 85% de los ataques contra personas ocurren en el domicilio del perro y se producen contra la familia, los amigos o los vecinos.

SOLUCIONES

- Todos los miembros de la familia tienen que comer antes que el perro.
- No le dé comida por debajo de la mesa o fuera de un plato.
- Instruya a su perro a comer sólo cuando se lo ordena.
- No permita que el perro esté es su cama o en el sofá.
- Instruya a su perro a caminar junto a usted, a sentarse cuando se lo manda y a estar bajo su control gracias a las órdenes básicas.
- Saque a su perro a pasear con regularidad.
- El perro no debe ser el primero en cruzar una puerta, sino el último.
- No permita que su perro acose o amenace a nadie en un intento por atraer su atención; todos los miembros de la familia y los invitados deben saber que el modo de detener esa conducta es no recompensar al perro por ella. No interactúe con el animal hasta que deje de hacerlo, luego mándele sentarse y recompense su buena conducta.
- Asee a diario a los perros dominantes.
- No juegue al tira y afloja con los juguetes de un perro dominante.
- No deje a niños pequeños solos en compañía de perros dominantes o agresivos.

Los perros y el correo

Los carteros o los mensajeros que acuden a entregar paquetes no deben de sentirse intimidados ante los perros, y los propietarios no deben dejar a los perros sueltos en el jardín si existe algún riesgo o bien deben colocar al buzón en la parte externa de la propiedad. Si el correo se cae del buzón y su perro lo destruye, póngale una malla al buzón para que el animal no llegue a las cartas. Si el "delincuente" es un perro pequeño que se apodera del correo en cuanto llega, el incidente apunta a la excitación del animal, que puede manifestarse también ladrando. Cámbiele el hábito con una falsa entrega de correo, póngase de acuerdo con un amigo y distraiga al perro cada vez que cae una carta en el buzón, preferentemente con una voz. O haga que el perro se siente a una distancia determinada de la puerta y recompénsele, echen una carta en el buzón y, si el perro se está quieto, recompénselo de nuevo. Cerciorándose de que el perro mantiene la calma, con esta insensibilización por habituación aprenderá a ignorar las cartas.

Bóxer & Staffordshire bull terrier

67 Agresión hacia los demás perros

Si saca a pasear a un perro dominante o a un perro que no se socializó debidamente con otros perros, cualquier otro perro que aparezca en el horizonte puede ponerle en una situación angustiosa. El perro reaccionará ladrando agresivamente al otro perro y puede que incluso ataque.

No reaccione tironeando angustiado de la correa del perro: que tire de él aumenta la pulsión agresiva del perro, que es exactamente lo que hacen los instructores de perros de pelea para "calentarles" antes de soltarles. Además, tirar de ellos no sólo tiene este efecto en un encuentro concreto; si repite dicha acción está instruyendo a su perro para que tire de la correa para desafiar a los demás perros. Puede que incluso llegue a relacionar ir atado a la correa con estar preparado para atacar.

Familiarícese con el lenguaje corporal del perro para poder leer las señales de la cola y las orejas anticipando su conducta cuando esté frente a otro perro. Si el perro se tensa y mira fija e intensamente al otro perro, su concentración incrementará instantáneamente los niveles de adrenalina en su sangre. Si el perro aparta la cabeza, se rompe el contacto visual y puede paliarse la situación. Los ronzales que tiran de la cabeza del perro hacia un lado son muy útiles para dicho propósito, aunque también puede recurrir al juguete favorito de su perro para distraerle.

Cuando se haya hecho con la atención de su perro, mándele que se siente y luego recompénsele. La gran ventaja del "siéntate" es que remite al perro a un mundo en el que sabe que usted manda y él está a salvo.

SOLUCIONES

Repita la instrucción básica en un parque, utilizando una correa larga para asegurarse de que le atienda, especialmente, cuando trabajen la orden "ven". Luego pídale a un amigo que tenga un perro que camine hacia usted en línea paralela distante. Manténgase relajado y controlando la situación, y centre la atención de su perro en el regalo o el juguete que lleva usted en la mano izquierda antes de que se ponga en estado de alerta; también pude modificar su trayectoria con un arnés lateral. Cuando ignore al otro perro, recompénsele. Repita esta instrucción unas cuantas veces, estrechando gradualmente la distancia hasta que sea capaz de pasar junto a otros perros sin incidente alguno.

Border collie & perro callejero

Patterdale terrier & weimaraner

Bozales

La mayoría de los propietarios no quieren ponerle un bozal a su perro porque parece una manifestación clara de que no le controla y de que su perro es peligroso. No obstante, otros, por más seguros que sean los perros, los bozales les mantienen controlados en los encuentros con los demás y reducen así los enfrentamientos. El bozal también puede evitar que muerdan al perro mientras le está adiestrando a comportarse de otro modo.

Los miedos y las fobias son uno de los problemas frecuentes. Si los perros han crecido sin socializar con la gente, los demás perros o los objetos extraños, serán cautelosos por naturaleza: el miedo y la cautela constituyen el estado normal de un perro adulto sin socializar. Enseñarle a estar relajado y contento en compañía de gente u otros perros requiere cierto esfuerzo.

Algunas razas y sus características producen animales que parten genéticamente del miedo y la fobia. Algunas razas pequeñas son especialmente vulnerables al nerviosismo, y los collies han heredado el miedo congénito a los ruidos.

Los criadores y los propietarios noveles deben ser conscientes de que alrededor de los 8 -10 meses de vida, en el periodo de socialización sensible, los cachorros pueden reaccionar con mayor intensidad a cualquier acontecimiento que les sobresalte, lo que les puede desarrollar una fobia. Cualquier mala experiencia en esa época puede volverles emocionalmente cautelosos.

Mucha gente convive con un perro adulto miedoso o cauteloso y es consciente de que deben ser tranquilizadores y comprensivos, pues hay que poner cuidado en no asustar a los perros asustados o fóbicos. No castigue al perro miedoso, no hará más que retroalimentar su temor. Puede que el perro le esté dando mensajes cruzados, indicativos de sus preocupaciones internas: acudirá corriendo hacia usted, buscando su proximidad, pero luego su reacción será ambivalente cuando rehúya el contacto de sus manos.

En cuanto a las fobias de los perros adultos, lo más fiable es someterlos a un proceso de habituación gradual (también llamada insensibilización), que puede reforzarse con el condicionamiento. Durante la habituación, hay que procurarle paulatinamente el contacto con el objeto de su fobia e ir aumentándolo a medida que el perro se adapta. En el condicionamiento clásico (pavloviano), el objeto de la fobia está asociado a la recompensa, que va del afecto a la comida. Con todo, una vez que el objeto deja de producir fobia, hay que ir abandonando la recompensa, de modo que se forme una asociación positiva entre el objeto previamente fóbico y algo bueno.

Bóxer

FOBIA A LOS OBJETOS

Con los perros fóbicos a las lavadoras, los aspiradores o los cochecillos, por ejemplo, no empeore su conducta reaccionando excesivamente o intentando consolarlos; por el contrario, compórtese con normalidad. Mantenga al perro que teme a los objetos extraños atado cuando salga con él o en situaciones de riesgo. Gradualmente, aproxime al perro al objeto temido, pero no avancen directamente hacia él; acérquense tangencialmente y deténganse a mitad de camino, mirando a otra parte. Recompensarlo con comida es particularmente efectivo. Por etapas, a lo largo de varios días, acérquense más.

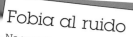

Fobia al ruido

No reaccione excesivamente al ruido, ni se muestre demasiado tranquilizador, pues estaría recompensando la conducta. Muéstrese cordial, como si no hubiera sucedido nada. En otra ocasión, cuando el perro esté atado y en una habitación, ponga una grabación de los sonidos que tanto ofenden al animal, con el volumen bajo al principio, y luego vaya subiéndolo a lo largo de días y semanas, a la vez que se comporta usted con toda normalidad. Recompense su buena conducta con comida, juguetes o afecto.

CKC Spaniel

La ansiedad que les provoca la proximidad de extraños u otros perros suele ser debida a una falta de socialización cuando cachorros, y también a haber estado aislados durante un tiempo, ya sea por motivos de salud u otros. Dicho perro no es ni feliz ni seguro; un peligro en las salas de espera del veterinario.

CKC Spaniel

El perro que teme a la gente rehuirá la confrontación escondiéndose detrás de su propietario o bajo una silla a la menor ocasión. Si se siente amenazado y no ve cómo retirarse, se arredrará bajando la cola y las orejas y puede que llegue a mostrar los dientes, gruñir y acometer. El perro reculará hasta la pared y no verá más opción que morder; en casos extremos, puede llegar a orinarse y ensuciarse de miedo. Si todo ello se ha convertido en un modelo de conducta establecida, también puede constituir una autorecompensa si la gente se retrae y aparta, y el miedo del perro disminuye.

No mime ni tranquilice a su perro cuando muestra esta conducta temerosa; reforzará con ello el problema. No castigue a los perros temerosos, agravará la respuesta amedrentada.

Si un amigo o instructor nos prestan su ayuda, deje que el perro le vea a una distancia no amenazante a la vez que centra la atención del perro en su correa con la instrucción "siéntate" y luego recompénselo. A continuación, haga que la persona que le ayuda se acerque a ustedes desde atrás, les avance a una cierta distancia y no mire ni interactúe con el perro; si esta acción no provoca reacción alguna en su perro, recompénselo. El contacto visual es amenazante para el perro por lo que es básico minimizarlo y mantener el cuerpo y la mirada orientados en otra dirección a la del perro. También puede ser apropiado llevar al perro con bozal durante la instrucción, para proteger al ayudante.

Cuando llegue el momento, haga que su ayudante –después de avanzarles– se detenga junto a ustedes, se arrodille y le ofrezca un regalo en comida con la palma abierta. Avance con el perro para que recoja la recompensa. Repítanlo varias veces. Con el tiempo, el cuerpo del ayudante puede volverse hacia el perro, pero debe evitar mirarle a los ojos. Cuando lo hayan practicado varias veces, el ayudante podrá realizar la tarea de pie.

El miedo a los perros se puede tratar del mismo modo que la agresión hacia los demás perros, con la cooperación de un ayudante con perro, que empiece a cierta distancia y se vaya acercando gradualmente.

Sea paciente

Recuerde que los problemas de los perros pueden tener un origen muy profundo, especialmente los que están motivados por el miedo. Aunque su perro responda bien a los ejercicios indicados, puede tardar meses en ser capaz de superar totalmente el problema y sentirse lo bastante seguro como para comportarse con normalidad. Déle su tiempo y no espere resultados inmediatos.

Bóxer

Persecución de animales

La caza de presas mediante el método de la persecución constituía la supervivencia de los ancestros del perro. La caza de la comida era la prerrogativa esencial, de modo que la necesidad de cazar objetos o animales que se mueven está profundamente arraigada en la herencia genética de su perro.

Desgraciadamente, el problema no es la persecución sino, en escalada, la matanza de ganado como por ejemplo gallinas y corderos. Un estudio analizó 59 casos de matanzas de ganado y descubrió que sólo en un 34% de los casos estaban implicados los perros a título individual; el resto de los casos eran atribuibles a "manadas" de perros, y la mitad de los ataques eran obras de "manadas" de dos perros.

Si el perro llega a sus manos siendo un cachorro, socializarlo con otras especies puede evitar que se dedique a perseguirlas de adulto; los perros de granja no persiguen al ganado porque se han acostumbrado a él. La habituación gradual, por estadios, a otras especies, utilizando el cajón para contener a su perro, puede familiarizarlo con el ganado y disminuir su pulsión cazadora.

La clave está en asegurarse de que, pese a que el perro tiende a investigar o perseguir, puede distraerle y hacer que acuda junto a usted. En una zona donde no haya distracciones, ate a su perro con una correa larga para mantener el control sobre él (sin que tire constantemente de ella) y láncele un juguete para que vaya en pos de él. Llámelo y anímelo a que vuelva a usted, sosteniendo en la mano un juguete favorito del que sepa que le atrae más que el primero; si responde mejor a pequeñas recompensas en comida, utilícelas. Elógielo debidamente cuando regrese.

Cuando tanto usted como el perro realicen correctamente el ejercicio, trasládense a un entorno "real" y practiquen ahí. Superada esta fase, eleve la actividad a la práctica del "ven" y a la devolución del objeto a una distancia prudencial del ganado, siempre atado con una correa larga hasta que esté seguro de que su perro regresará a usted por más interesantes que sean las distracciones que le ofrece el entorno.

Recuerde también que todo tipo de perros pastores han sido seleccionados, a lo largo de siglos, para que cacen y, a la vez, inhiban el instinto de matar, siguiendo las instrucciones del pastor. Desgraciadamente, existen casos en que los perros pastores, cuando se quedan solos en colinas o riscos al margen del control de los pastores, no sólo guardan el ganado sino que lo cazan e incluso lo matan. Ello no hace más que reforzar la premisa básica que dicta que, por bien instruidos que estén, no hay que dejarles sueltos por ahí, especialmente si puede darse el caso de que se encuentren con animales de presa.

La persecución

Sin embargo, en algunos perros la pulsión de cazar es tan poderosa en virtud de su naturaleza que puede que no consiga disuadirle usted solo. En ese caso, no deje el perro suelto en entornos donde haya ganado. Siga instruyéndolo, no sólo con el ejercicio que hemos propuesto, sino también con una serie de ejercicios que refuercen su papel como líder (véase página 80), y procúrese ayuda profesional si no consigue hacerle superar su deseo natural de cazar. No olvide que la mayor parte de estas cacerías son "prácticas", y tienen mucho de juego, aunque puede pasar fácilmente de la ficción a la realidad y atacar.

Golden retriever

Perseguir a los gatos: costumbre racial

Los perros ojeadores (tales como los galgos afganos, los borzois, los galgos escoceses y los lebreles) y los terriers (Jack Russell terrier, Yorkshire terrier, terrier escocés y Stafford bull terrier, etc.) tienen la peor reputación como perseguidores de sus antagonistas. Son perseguidores redomados de gatos y, ocasionalmente, incluso sus asesinos. En manada son incluso peores.

Perro y gato callejero en Tailandia

No hay por qué sorprenderse de que ojeadores y terriers sean las razas que mayor riesgo representan para los gatos, puesto que han sido seleccionados para perseguir y matar. Por el contrario, los perros pastores, los de guarda y los de caza han sido seleccionados por su habilidad de caza en grupo, pero sin que maten a la presa. Los perros mascota no han sido seleccionados para actividad alguna y los perros de labor tienen funciones específicas.

Si tiene terriers y gatos en la misma casa, ponga cuidado y realice las presentaciones con cautela y armonía. No todos los terriers son igual de agresivos con los gatos, Robert Killick –que es un hombre de terriers– considera que, por ejemplo, los terriers blancos de las Tierras Altas y los Norwich terriers son menos persistentes que los aireadles (arriba).

Angela Collett del Greyhound Rescue calcula que a pesar de que algunos lebreles (greyhound) matan gatos, del 25 al 30% son capaces de convivir con gatos sin mayores problemas.

Dejar de perseguir gatos puede resultarles difícil a las razas que tienen un largo historial como perros rastreadores. No obstante, y además de la necesidad de que convivan con otras gentes y sus mascotas, si un perro sale disparado tras un gato y cruza la calle en un mal momento, la víctima puede ser él. Si no es capaz de controlarlo utilizando las mismas técnicas que rigen para otros perros perseguidores, acuda a un profesional.

PRESENTAR A PERROS Y GATOS

Una buena manera de presentar a los perros y los gatos es permitir, en primera instancia, que traben conocimiento a través de sus respectivos olores. Si le está presentando a un gato, mantenga al perro en otra habitación y deje que el gato vague por el espacio donde se halla el olor canino. Luego saque al gato y haga lo propio con el perro. Repítalo en varias ocasiones para que cada uno de los animales se acostumbre a la presencia del otro. La respuesta de su perro también le proporcionará algunas pistas. Si el perro está razonablemente instruido, y por lo tanto bajo su control, dígale que se tumbe en el suelo de la habitación. Traiga luego al gato (convenientemente protegido en una jaula, mejor si es de metal) y colóquelo en una superficie elevada tal como una cómoda o una encimera. Hágalo sin grandes aspavientos y siéntese, manteniendo al perro tumbado o sentado a la orden. Pasados unos minutos, saque al gato de la jaula. Repita el proceso y mantenga al gato fuera de la jaula durante más rato cada vez, hasta que se hayan acostumbrado a su presencia mutua.

Durante la presentación inicial, póngale un bozal al perro si se trata de un terrier, un ojeador u otra raza que pueda ser problemática. No le quite el bozal hasta cerciorarse de que el riesgo es mínimo, y de que el gato tiene vías de escape verticales tales como estanterías.

Recuerde que las consideraciones que debe tener en cuenta para que la presentación sea un éxito no sólo son relativas a la seguridad del gato. Los gatos se inquietan mucho con lo que perciben como amenazas contra su territorio personal, y pueden reaccionar ensuciándose, orinando, agrediendo, dañando los muebles o dilatando cada vez más su vuelta a casa. Los cachorros que han sido socializados con gatos son menos peligrosos.

Los gatos se defienden

A diferencia del perro, y de sus ancestros de la manada, que presenta una variedad de movimientos de sumisión cuando se siente acorralado, los gatos solitarios están bien armados y pueden realizar feroces movimientos de defensa a la desesperada. Más de un pastor alemán ha sabido lo que duele el zarpazo de un gato en el hocico.

Persecución de coches

Es probable que, a usted, una bicicleta o un coche no le parezcan una presa ni en sueños pero, para su perro, su movimiento constituye un reclamo tras el que saldrán corriendo como un rayo

Asegúrese de que el perro está prudentemente atado a una correa en los espacios públicos y en cualquier lugar donde pueda haber vehículos, y de que le controla adecuadamente: su adicción a perseguir vehículos puede suponer un peligro para la vida de los demás así como para la del mismo perro. Si ha alcanzado un buen nivel de control sobre el perro y domina con él las instrucciones básicas, especialmente el ejercicio del "ven" tal como se detalla en las páginas anteriores, las soluciones que se consignan a continuación pueden ayudarle a resolver el problema. No obstante, el instinto puede estar muy arraigado en algunas razas y, si no puede solucionarlo solo, recurra a la ayuda de un profesional especialista en su raza concreta.

Perseguidores de coches

Los coches que van marcha atrás pueden estimular a ciertas razas, las que tienen el instinto de caza más arraigado que otras: ojeadores, como los lebreles y los galgos, son cazadores natos; los perros de guarda y los de rebaño, incluidos los border collies, los perros pastores de Shetland o los Bouviers des Flandres, persiguen a los coches en cuanto los ven; y los terriers también son buenos perros cobradores.

Bóxer

SOLUCIONES

- Haga que un amigo vaya en bicicleta a una cierta distancia y camine hacia él con el perro atado a la correa o a un arnés lateral en paralelo.

- A la primera muestra de interés de su perro por el ciclista, gírese y camine en otra dirección. Regrese y repita, y repita.

- Recompense al perro con una golosina cuando no muestre interés por la bicicleta.

- Luego quédese quieto con el perro en un lugar donde su amigo ciclista pueda pasar junto a usted, viniendo de atrás: ésta es la prueba de fuego, porque un vehículo que "le avanza" es todo un desencadenante.

- Utilice de nuevo el arnés lateral para darle la vuelta, ordénele "siéntate". Si lo hace, recompénselo, y repita, y repita.

Posesión y vigilancia

Cuando dos lobos están tironeando de dos extremos de un pedazo de carne puede haber una riña por su posesión, con gruñidos amenazadores… una actitud perfectamente normal en una manada de lobos. Sin embargo, es un peligro tener un perro en casa que enseña los dientes y gruñe, o que amenaza a los que juegan con sus juguetes o se acercan a su plato de comida. Está demostrando claramente quién cree ser, y deja claro que no considera que quien está al mando del hogar sea usted.

CKC Spaniel

SOLUCIONES

Juguetes

▪ Ponga un juguete (no su favorito) junto al perro. Mándele "siéntese" y recompénselo si no intenta hacerse con el juguete. Repita.

▪ Si su perro no se muestra amenazante pero tampoco dispuesto a renunciar a su juguete, mándele que se siente, y ofrézcale luego una recompensa. Cuando la acepte a cambio de su juguete, dígale "dame" y elógielo. Repítalo tantas veces como sea necesario.

Comida

▪ Nuevamente con el perro atado a la correa de instrucción y alguien comprobando la atadura cuando sea necesario, dígale a su perro "siéntate".

▪ Póngale comida blanda en su plato y, cuando se disponga a comérsela, distráigale con unas voces agudas y breves. Repítalo cada vez que se acerque a la comida.

▪ Mientras se abstenga de comer, recompénsele con algún regalo. Quítele la comida y repita. En esta ocasión, cuando él esté en posición dígale "come", o cualquier otro término que usted escoja para indicarle su deseo de que coma.

Sillas

▪ Con la correa del perro atada a una silla, sostenga una golosina con la otra mano y bájela hasta que el perro avance hacia ella. Dígale "fuera". Cuando se haya alejado, mándele que se siente y recompénselo.

Ocurre también que algunos perros deciden dormir en una silla. Si un invitado intenta sentarse en ella, el perro se muestra terriblemente amenazante y posesivo. Ocurre lo mismo con los coches, que protegen violentamente contra cualquiera que se aproxime a ellos. Los propietarios pueden considerarlo una buena actitud que, además, disuade a los ladrones potenciales, pero hay que tener en cuenta que se pueden mostrar igual de agresivos con los amigos y la familia.

Para evitar dichas situaciones, cuéntele a su perro desde un buen principio que el que se encarga de darle comida y juguetes es usted, y recuerde que algunas razas son más dominantes que otras; los terriers son especialmente posesivos.

La costumbre de saltar que tienen algunos perros puede constituir un auténtico problema, especialmente si son perros grandes, cuyo peso tumba a los mayores, a los frágiles y a los niños. Además, la huella de unas patas embarradas en la ropa raramente es bien recibida. Si el hábito de saltar está muy arraigado en el animal, tendrá que ser perseverante para modificarla.

Para algunos perros grandes de razas dominantes por naturaleza, saltar puede constituir una manera de afirmarse a sí mismos aunque normalmente es lo que parece, un saludo. Cuando están en grupo, los perros adultos acostumbran a lamer y a olfatear, pero cuando más clara se ve su conducta es cuando la madre regresa y los cachorros saltan y le lamen la cara, excitados. Consecuentemente, no es extraño que dicha conducta con los humanos se dé principalmente por parte de los cachorros y los perros más jóvenes (de 6 a 18 meses) cuando volvemos a casa o cuando llegan las visitas.

Cuando el perro es joven, la mayoría de los propietarios se agachan y les animan a saludarles eufóricamente. Tanto más injusto es, entonces, que si hemos instruido a un perro a saludarnos así, le riñamos y apartemos cuando hacen lo mismo de mayores.

¿Cuándo se presenta dicho problema? ¿Cuando llegan las visitas, cuando nos encontramos a alguien en el curso de un paseo o cuando su perro saluda a un niño? Si lo sabe, debe practicar la conducta substitutiva y recompensarle por permanecer sentado en dichas circunstancias, tal como usted le ha enseñado practicando las soluciones que se ofrecen adjuntas.

La verdad es que no debemos considerar que los saltos constituyen una mala costumbre del perro. Ciertamente, es una conducta insegura. Si es capaz de comprender qué significa que su perro salte, puede poner remedio al problema.

SOLUCIONES

- No sea muy eufórico a su vuelta a casa, no levante los brazos esperando que su perro acuda a ellos. Se supone que no pretende aumentar la excitación del perro.
- No busque el contacto visual y no reaccione, usted, como un cachorro.
- No riña al perro cuando salte porque está contento de verle, ayúdele a complacerse con otra actividad: por ejemplo sentarse. El perro no se está comportando mal, pero pone en peligro la seguridad y la comodidad de las personas, de modo que recompensar una actitud alternativa es bueno para el perro, para usted y para los demás. Déle una orden verbal clara como "siéntate" y, cuando lo haga, recompénselo (con un elogio, con una caricia tranquila, un "clic" del control remoto o, inicialmente, alguna golosina).
- No deje que los demás menoscaben sus esfuerzos. Los demás pueden socavar su instrucción, inadvertida e involuntariamente, respondiendo efusivamente a su saludo. Hágales cómplices; la mayoría colaborarán si saben que le están ayudando. Pídales que reaccionen tranquilamente, que se mantengan erguidos, ignoren al perro y que hablen con usted mientras evitan el contacto visual con el perro.
- Mantenga a su perro en otra habitación mientras se calma la excitación normal del saludo entre humanos. Si la animación con que se saludan las personas supera el umbral de la excitación del perro, resultará difícil restablecer la calma. De modo que si, por ejemplo, espera la llegada de familiares a los que no ha visto en mucho tiempo, mantenga al perro al margen de una atmósfera tan potencialmente estimulante.

Pastor alemán

"¡Siéntate!"

Todo lo anterior resultará infructuoso si su perro no comprende claramente la instrucción básica del "¡Siéntate!", así que deberá trabajarla con él. El adiestramiento de un perro y evitar los problemas se consigue a base de trabajo. Repítalo, repítalo, no desista y repita las instrucciones básicas aunque no durante mucho rato. Bastará con sesiones de unos cinco minutos.

El perro
en la habitación

En una encuesta realizada entre 4.000 propietarios norteamericanos por Barry Sinford, se determinó que el 47% permitía que sus perros durmieran en la misma habitación que ellos, y el 60% permitía que el perro durmiera en la cama con ellos. Cuando la pareja del propietario no estaba, el 66% permitía que los perros durmieran en su cama. Además, en el 13% de los casos en que a uno de los miembros no le gustaba tener al animal en la cama, afirmaba que su pareja ignoraba su malestar.

En algunas parejas se llega al extremo de que acaban por no mantener relaciones sexuales o, incluso, ningún contacto físico, porque uno de sus miembros insiste en que el perro esté en la habitación por la noche. Y eso no sólo ocurre con los más intimidantes, con los perros grandes que gruñen; también las razas mascotas pueden ponerse agresivamente defensivas cuando la mitad de la pareja que les "corresponde" a ellos está en la cama y la otra mitad se aproxima o intenta sentarse en ella.

La situación suele ser fruto de que uno de los dos miembros de la pareja "malcría" al perro. Malcriar al perro significa exactamente eso: que le trata como un juguete o una mascota inerte, no como a un perro de verdad. Ser condescendiente con los perros pequeños puede agravar sus problemas de dominio, lo que se traduce en que el resto de los miembros de la familia se sienten amenazados por el perro y éste puede llegar a morderlos. Incluso los perros grandes, como el pastor alemán, pueden amenazar, gruñir o hasta morder si creen que están en un rango más elevado en el "orden de la manada" que el resto de los humanos de la casa. Si con ello logra socavar visiblemente el aplomo de esa persona, el perro se muestra aún más asertivo.

Mestizo

Los problemas de agresión de los perros en la cama no se limitan a las parejas del propietario/a; los niños y el resto de la familia también pueden sentirse amenazados por el perro y, cuando la cama está vacía, algunos perros se orinan en ella a modo de marca dominante.

Incluso en casos en que la agresión no constituye el problema, la perturbación del sueño sí lo es. El perro se mueve, y eso afecta la comodidad del propietario, que responde con algún ruido para que el animal le deje espacio. Rayando lo increíble, algunos conductistas caninos han relatado casos extremos en que los propietarios, en lugar de enfrentarse al perro, han terminado durmiendo en el suelo. ¡Nada como eso para asegurarle al animal que, efectivamente, es el que manda!

Bóxer

SOLUCIONES

- El perro recibe mensajes relativos a su rango completamente erróneos cuando se le permite dormir con su propietario. Si pretendemos reforzar otras acciones que mitiguen sus problemas de dominio, en general, (como por ejemplo no darle de comer en la mesa, etc.) y superar sus episodios de agresividad en el dormitorio, hay que impedirle tajantemente su acceso a dicha habitación.

- Tanto los propietarios como los perros que se han acostumbrado a cohabitar necesitarán un par de noches para ajustarse a estar sin el otro, pero se puede tranquilizar al perro dejándole una camiseta con el olor del propietario en el jergón.

A los dueños les puede parecer extraño e incluso inquietante que sus mascotas monten en las piernas de la gente y tengan un comportamiento hipersexuado. Por no mencionar lo embarazoso que puede resultar ver a su perro excitarse en la pierna de un invitado o intentar acoplarse con la alfombrilla mientras conversa con sus visitas.

Bearded collie

Incluso si los dueños logran disuadir con éxito la costumbre de su perro de montarse en alguna parte del cuerpo de los miembros de la familia, el perro puede que establezca una diferencia entre ellos y las visitas; con el resultado de que éstas puedan encontrarse, de pronto, con que son el objeto de sus lances amorosos. También es cierto que, en el caso de niños pequeños, que se les abalance un perro de la talla de un labrador y les sujete con las patas delanteras al tiempo que les acomete con movimientos de acoplamiento, puede ser pavoroso.

Sin embargo, en el seno de una manada salvaje, un joven lobo macho, o un perro joven entero, intentará con toda naturalidad acoplarse con hembras del grupo. Por lo tanto, deberíamos contar con que lo mismo sucedería en el caso de perros machos no castrados, por lo regular con edades de 1-2 años, en nuestra "manada". (Algunas veces las hembras en celo tienen idéntico comportamiento.) Montar también puede reflejar la ausencia de una socialización adecuada de los perros siendo cachorros. Además, en algunos animales jóvenes este componente que deriva hacia una actividad sexual incontinente se debe a una acumulación de energía debida a la carencia de un ejercicio apropiado.

Los dueños de una pareja de perros machos enteros menores a 3 años pueden desconcertarse al constatar que los perros no sólo intentan montar sobre las personas sino que con frecuencia se montan entre ellos. En algunos casos, este intento de montar puede constituir una manifestación de dominio.

SOLUCIONES

- Con frecuencia la castración pone punto final a este comportamiento.
- La excitación puede ser más intensa al llegar visitas. Recurrir al planteamiento sugerido en el caso de micción sumisa y la ansiedad de separación para reducir la excitación perceptiva del perro.
- Si el exceso de juego y caricias incrementa hasta situaciones límite la excitación del perro, llévelo a otra habitación durante un minuto o dos hasta que se calme. No lo deje al margen durante demasiado tiempo, tráigalo de nuevo, ordénele "siéntate" y recompense su buen comportamiento.
- Anticipe la reacción del perro levantándose y alejándose con el fin de reducir su área focal, mándele sentarse y recompénselo cuando obedezca.
- Las técnicas de distracción, incluyendo el recurso de los juguetes, pueden ayudar.
- La utilización de una pistola de agua a la vez que se interrumpe el incidente puede contribuir a reforzar la asociación negativa en el perro.

Bóxer

"Robar comida"

Darle de comer por debajo de la mesa no sólo puede crearle un problema de obesidad; es más que probable que, además, ocasione directamente trastornos de conducta. Desgraciadamente, demasiados dueños consideran que alimentarle de este modo es una leve indulgencia cómplice entre ellos y su mascota, sin darse cuenta del perjuicio que están causando a su perro y a sus relaciones con ellos.

Bóxer

SOLUCIONES

• Durante el adiestramiento, las recompensas de comida debe darlas usted, cuando así lo decida y no cuando se las pida el perro. Además, deben ser exclusivamente para premiar la buena conducta o el comportamiento requerido del perro.

• Enseñe a su perro a tomar la comida cuando usted se lo permita y a reconocer que la recibe gracias a usted.

• No prepare la comida del perro en el mismo sitio donde come usted. Prepárela en la cocina, no en la mesa del comedor.

• Partiendo de que el perro ya cumple con la orden de sentarse, deposite su comida en un bol en el suelo y oblíguele a permanecer en la posición de sentado hasta que le de permiso con una orden sencilla como, por ejemplo, 'come'.

• No permita que su perro se confunda respecto de la jerarquía dándole de comer los restos de comida en el plato que usted acaba de usar.

Revolver en la carroña en busca de comida constituía una parte normal e importante de la supervivencia de sus antepasados, así que aceptar la comida que usted le arroja no le resulta ni raro ni inadecuado al perro. Si, mientras usted está comiendo, el perro pide un bocado y usted se lo da, habrá recompensado su comportamiento y habrá instituido una costumbre: el perro recibe la comida como un refuerzo y una recompensa. Son demasiados los dueños que intentan justificar lo que ellos consideran una 'mala costumbre' de sus perros cuando éstos devoran la comida de los platos de los invitados, cuando el perro amarga la hora de comer de la familia fastidiando y suplicando que le den algo. Los responsables de la situación son los malos hábitos de los dueños. Mientras estos últimos no lo reconozcan, el problema subsistirá porque el perro no verá la necesidad de cambiar de actitud.

Las malas costumbres de muchos dueños socavan con frecuencia su posición dentro de la jerarquía ante los ojos de su mascota. Y eso es así porque, lo que ellos consideran una inofensiva indulgencia para con sus compañeros caninos es totalmente opuesto a la lógica de la manada de lobos, donde el animal de mayor rango come el primero mientras los demás esperan su turno y no intervienen.

Micción sumisa

Mientras muchos problemas con los perros pueden ser debidos a perros dominantes y a dueños que no saben imponerse, la micción sumisa es uno de los ejemplos más claros de una situación totalmente opuesta. No es un problema de mal comportamiento ya que esa sumisión ante un perro mucho más dominante o agresivo evitará un ataque. Es más probable que se manifieste en perros jóvenes, y más en hembras que en machos.

Cuando un perro nervioso y excitable está pendiente de una visita, se produce una situación prototípica. El perro, por experiencia anterior, reconoce la visita como dominante y repentinamente se excita, mueve la cola frenéticamente en signo de bienvenida, pero también emite señales de sumisión, tumbándose y goteando orina en un alarde de extrema sumisión. La misma pose puede adoptarse de pie o agachado, pero en ningún caso es la postura normal para orinar.

La micción sumisa también puede convertirse en un hábito en situaciones de incitación, hostigamiento y especial excitación. En el caso de perros singularmente excitables y propensos a ello, la dominación amenazante no es un factor tan decisivo como la excitación. Combinado con posturas de sumisión, también puede ser la respuesta a situaciones de desafío o exigencia ante la presencia de un dueño o un instructor dominantes.

Algunos perros son más propensos a la micción sumisa que otros. Entre ellos los cocker spaniels, los golden retrievers y algunos pastores alemanes.

Sabiendo que hay situaciones específicas que la provocan, como el saludo efusivo a un invitado, puede anticipar los episodios de micción: mantenga la excitación en un grado más bajo y consiga que los saludos se den antes de entrar, evitando así que se ensucie la casa. Otra alternativa consiste en dejar al perro de antemano en otra habi-

tación, lo más lejos posible de los saludos de bienvenida. Consiga que la primera ola de excitación tenga lugar sin la presencia del perro; seguidamente permita que el perro se reúna con la visita en un ambiente cuyo nivel de emotividad sea más bajo. La visita debe estar tranquila y callada, preferiblemente sentada, e incluso ignorar al perro en primera instancia.

Si ocurre cuando usted llega normalmente a casa, es especialmente importante no armar ningún jaleo: no reciba al perro de manera que lo excite, compórtese con tranquilidad y, de hecho, ignórelo. Después, algo más tarde, cuando el perro se haya adaptado tranquilamente a su presencia, salúdelo sosegadamente.

Si el perro responde con micción sumisa al modo en que usted le trata habitualmente, baje su tono de voz y anímelo, agáchese para no parecer tan dominante pero no toque ni acaricie al perro. Reconduzca suave y alentadoramente la situación y haga que se levante ofreciéndole una pelota o algo de comida con la mano.

SOLUCIONES

- No monte un número en caso de micción.
- El castigo sólo sirve para agudizar el problema.
- Al principio sólo preséntele a la gente a una distancia prudencialmente alejada del punto en que el perro se siente incómodo.
- Las recompensas bien dirigidas, especialmente recompensas de comida, son decisivas.

Orígenes

Parece probable que la micción sumisa tiene su origen en la estimulación de la micción por parte de la madre al lamer los genitales de sus cachorros, ya que cuando esto ocurre permanecen quietos y pasivos. Según Fox, este comportamiento se mantiene hasta la vida adulta, de tal forma que, cuando se encuentran dos perros, el más sumiso presenta su ingle y permanece pasivo mientras el otro investiga: en casos límite el resultado final es la micción sumisa.

La introducción de un nuevo perro o de un cachorro en la casa debe ser considerado cuidadosamente. Mientras la mayoría de los dueños dan por sentado que el primer residente automáticamente seguirá siendo el número uno, esto no siempre es así. La vida en una manada de lobos nunca es exclusivamente un asunto entre alfa y omega –siempre hay en juego algo de rango relativo– y en nuestra propia manada puede haber rivalidad si el perro considera que otros miembros de la familia no son de rango elevado junto con el dueño principal del perro.

Para cerciorarse del mantenimiento de la ley canina del más fuerte, será preciso demostrar al primer residente que es el favorito. De esta manera se reducirán los celos del residente, ya que de hecho será compensado por la presencia del nuevo cachorro. Una vez que se haya establecido una jerarquía clara para una ulterior coexistencia pacífica, en términos caninos es preferible tratar al perro principal como perro principal, ya que entonces se reducen los conflictos retadores del otro perro.

El mundo canino, desde el lobo hasta su perro, no está poblado de demócratas abiertos al diálogo, sino de partidarios acérrimos de la jerarquía. Por lo tanto, en sus relaciones con los perros, debe mostrarse sensible a sus necesidades y reconocerlas saludando primero al perro dominante y permitiéndole entrar y salir por las puertas delante del otro. Con todo, no se le ocurra cederles el paso con cortesía ya que ¡asumirán que es usted un debilucho sumiso!

SOLUCIONES

▪ Muchas interacciones agresivas, incluso algunas peleas insignificantes, son provocadas por un cruce de miradas fijas en las que el perro no dominante debería apartar la mirada. Reduzca la fricción en torno a un factor importante, como por ejemplo el momento de la comida, tomando la precaución de que los perros se posicionen para comer sin estar frente a frente.

▪ Que un perro tenga ya un hueso no significa que no quiera el hueso del otro, lo que puede causar conflictos en casas con más de un perro. Dar los huesos a los perros en sitios diferentes evita que se conviertan en motivo de disputa.

Más de uno

Según el informe del National Pet Owners in the USA de 2004, más de la tercera parte de los dueños poseía más de un perro, el 23 por ciento era dueño de dos y el 12 por ciento tenía una manada de tres o más perros. ¡Y todos se regían por la ley canina del más fuerte!

Dachshund de pelo largo

Pastor alemán y perro de los Pirineos x San Bernardo

Es preciso cepillar regularmente a los perros de raza de pelo espeso para evitar que se deslustre y enmarañe. Algunas razas, tales como los aireadles, necesitan un corte de pelo estilizado y cepillados regulares pues de lo contrario no tardan en parecerse a un yac. Además, la mayoría de los dueños piensan que la cuestión del aseo es solamente un problema de aspecto y apariencia, y no valoran su significado como parte importante de su relación con el comportamiento y adiestramiento de su perro.

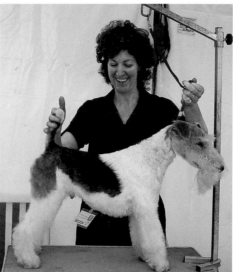

Fox terrier de pelo duro

Los perros dominantes con frecuencia se alzan y ponen sus patas delanteras encima de animales de rango inferior, pero no les gusta que les hagan lo mismo a ellos. Para algunos animales, los cuidados de aseo tales como que les limpien los dientes, les extraigan algo que se les ha incrustado, les corten las uñas, limpien los ojos o les pongan gotas, constituyen problemas mayores y se resisten a ellos como jabatos, incluso en manos de veterinarios o profesionales del aseo. Tenga presente no obstante que, si puede cepillarle el pelo a su perro todos los días, le está informando de que está a su cargo, y no al contrario.

En el caso de perros que no están acostumbrados al aseo y tienden a ser conflictivos y dominantes, tome la precaución de ponerle la correa de adiestramiento y la traílla. Sin embargo, no lo intente hasta que no haya afianzado los mandos básicos de adiestramiento y esté seguro de que su perro responde correctamente. Mientras tanto, puede ir pasando de la simple caricia hasta abarcar –a medida que lo vaya aceptando el perro–, otros aspectos del aseo. No empiece con las zonas peligrosas, tales como la cabeza, y concéntrese primero en la espalda.

En ningún caso debe impacientarse con su perro ni pelearse con él para que obedezca ya que van a acabar angustiándose los dos, el perro se contrariará aún más y estará menos dispuesto a cooperar. Si convierte esta experiencia en algo placentero, lo encontrará divertido y estará contento de repetirlo.

Como en la mayoría de los adiestramientos, debe de iniciarse al perro a esos cuidados, tanto de su mano como de la de otros, cuando todavía es un cachorro.

Pelo enmarañado

Como los perros tienen una enorme facilidad para ensuciarse, es necesario poder cepillarlos y asearlos debidamente, ya que meter a un perro con el pelo enmarañado sin cepillarlo antes en una bañera sólo puede tener como consecuencia un enredo aún mayor. Si los pelos se han pegado en un revoltijo de nudos, posiblemente sea menos estresante para el perro ponerlo en manos de un profesional para que se lo corte y le de forma. Haga sus deberes y consulte un profesional del aseo sobre los peines, cepillos y otras herramientas apropiadas para el pelo de su perro. Un perro pequeño es más fácil de asear encima de una mesa, pero asegúrese de que tiene una superficie no deslizante y no lo deje nunca desatendido.

Ensuciarse en casa

La cuestión de los perros que se ensucian en la casa es mucho más difícil de estudiar y evaluar de lo que se podría suponer en algo que, aparentemente, es un problema obvio. Es importante analizar la naturaleza de cada uno de los casos de los perros que se ensucian en casa para estar seguros de que estamos tratando el problema adecuado.

En los gatos ensuciarse dentro de casa no es nada extraño y con frecuencia es debido al estrés que le provoca vivir en las condiciones que impone compartir un espacio demasiado abarrotado. Por el contrario, aunque ello también puede darse en perros, los investigadores Voith y Borchelt determinaron que era el motivo de apenas la quinta parte de los casos estudiados. Después de las agresiones, que los perros se ensucien dentro de casa es el problema con el que más a menudo tienen que lidiar los conductistas caninos; la pérdida del control de sus necesidades debido a la ansiedad ha sido constatada en casi la tercera parte de las hembras y la mitad de los machos en los casos estudiados de comportamiento relacionado con la separación.

Si el perro se ensucia siempre cuando usted no está en casa, aunque su ausencia sea relativamente corta, parece un caso claro de ansiedad provocada por la separación (véase página 98). Si lo hace hallándose usted en la casa, puede que sólo se trate de que su perro no ha asimilado la instrucción necesaria, por lo que se recomienda que vuelva a adiestrarse en lo más básico (véase página 78). Cuando el adiestramiento del cajón para complementar su enseñanza se utiliza correctamente (véase página 84), el resultado suele ser eficaz, pero si se abusa de este sistema y se deja demasiado tiempo encerrado al cachorro o perro, se socava totalmente el sistema.

Cuando una visita trae a otro perro a casa puede desencadenar una serie de marcas de orina por parte del perro residente. La entrada de nuevos objetos en la casa, desde una caja a las bolsas del supermercado, puede provocar que su perro realice marcas de orina correctivas de los olores desconocidos.

Una vez que su perro haya desarrollado un modelo territorial marcando lugares fijos dentro de la casa, será atraído hacia ellas por su olor y puede sentir la necesidad de volver a marcar esos sitios. Es, pues, imprescindible limpiar concienzudamente el sitio utilizando productos de limpieza a base de enzimas ya que la nariz de su perro detectará concentraciones de olor más bajas que la suya.

Un número importante de perros no evacúa fuera de casa en el jardín o en los paseos. Sus dueños están horrorizados por lo que ellos interpretan como la perversidad de su mascota, cuando en realidad puede que el perro haya hecho una fijación con cierto rincón o tipo de suelo de algún lugar de la casa, o quizás no esté bien enseñado.

También ocurre que el perro no evacúe en presencia de su dueño, o de algún otro miembro de la familia que haya podido mostrarse demasiado firme en los castigos, de tal forma que el perro tiene miedo.

Perro mestizo

Marcas

Las marcas de orina son un comportamiento más propio de los machos que de las hembras y más aún de los machos dominantes, de tal manera que se ha recurrido a la castración para contrarrestarlo. Se ha constatado que funciona eficaz y rápidamente con un tercio de los perros, un quinto empieza de nuevo a orinar en un plazo corto de tiempo y, en la mitad de los casos, no les produce cambio alguno.

Es contraproducente restregar la nariz de los perros en sus heces, o castigarlos después del hecho, especialmente en el caso de perros miedosos. Si se sorprende al perro en el acto un agudo sonido tipo '¡eh!' puede poner alto al proceso.

Un cambio de dieta puede desencadenar el acto de ensuciarse y provocar flatulencia, particularmente en perros viejos y en las razas de cara plana. También hay algunas razas que pueden ser problemáticas ensuciándose dentro de casa, como los beagles y las variedades de excitables de perro mascota tales como los yorkshire terriers, que fueron seleccionados por su comportamiento parecido a los cachorros.

Lleve un diario con el fin de establecer una pauta de cuándo se ensucia su perro en casa: tome nota no sólo de cuando ocurre el incidente, sino también las horas del paseo, si el perro hizo sus necesidades, cambios de dieta, incidentes estresantes, etcétera. Ello le ayudará a observar si convendría cambiar la hora de comidas y si los paseos son suficientemente largos para el perro.

Comer heces

Es comprensible que a los dueños les repugne que sus perros se coman las heces.
Ya se sabe que los perros son carroñeros pero eso es ¡el colmo!

Pastor
alemán

Los comportamientos coprófagos siempre han sido considerados normales en el caso de hembras con cachorros jóvenes cuando están en el nido y todavía en la fase de lactancia. La madre lame a lengüetadas las heces y los orines de los cachorros. Mientras la hembra sigue limpiando las evacuaciones de sus cachorros, también continúa regurgitando la comida para ellos. Inevitablemente habrá cierta medida de contaminación fecal en su comida que posiblemente condicione futuras inclinaciones en algún cachorro.

Aunque los lobos no están asociados con la coprofagia, al matar una pieza con frecuencia rajan su barriga y comen las tripas y su contenido. Quizás éste sea el aspecto del que carece la dieta de los perros domésticos, y el incremento de bacterias que les aporta la coprofagia lo compense.

En los perros adultos –aparte de observaciones respecto de que parecía más corriente en perros sueltos sin amos o en perros rescatados y que podría ser originado por el hambre, deficiencias nutritivas, estrés o aburrimiento–, durante muchos años se ha considerado que comerse las heces es, sencillamente, un comportamiento canino deplorable.

Sin embargo, nuevas investigaciones llevadas a cabo por la doctora Joanne van der Borg de la Universidad Wageningen en Holanda, están sentando las bases que nos permiten empezar a comprender dicho comportamiento. De una muestra de 517 perros con problemas, se determinó que poco más del 11 por ciento se comía sus heces. Lo que sí significa un avance es que se descubrió que el 55 por ciento comía las heces de otros perros, el 37 por ciento sólo comía sus propias deyecciones, y sólo el 7 por ciento comía las de otros perros y las suyas. Estas diferencias parecen demostrar que estamos ante un problema mucho más complejo que un sencillo caso de "mal comportamiento". Otra constatación fue que no existe una diferencia real entre géneros entre los que comían sus propias deposiciones, pero cuando se trataba de comer las deposiciones de otros perros, se daba una cantidad significativa superior de hembras que de machos.

Los perros que consumen comidas comercializada tienden a seguir una dieta con mayor ingesta de vegetales que sus antecesores, de quienes heredaron el intestino más corto de los carnívoros. Al igual que los herbívoros, los perros tienen una fermentación bacteriana que les ayuda a descomponer la comida en su intestino grande y produce ácidos grasos, tiamina y otras vitaminas B. Se ha sugerido que, concretamente, la ingestión de heces de gato, de un contenido elevado de proteínas, puede completar la ingesta necesaria para un perro.

Debido a la historia carroñera de los perros y a su costumbre de enterrar comida y huesos para su consumo posterior en un estado de descomposición parcial, con frecuencia la terapia de repeler con sabores repugnantes no funciona. Los perros no sólo están acostumbrados a sabores asquerosos, sino que toleran bien las náuseas.

SOLUCIONES

- La aplicación de pimienta picante u otras sustancias semejantes en las heces que su perro se dispone a comer puede conseguir que, en futuras ocasiones, las evite.

- Un perro suelto tiene acceso a muchas heces. Controlar al perro con la correa puede ser eficaz durante el periodo en que se modifica su comportamiento.

- Un bozal puede evitar el consumo de heces.

- Un programa de entrenamiento con órdenes claras como el "no" puede modificar el comportamiento del perro.

83

Revolcarse en las heces

"Pero, ¿qué haces?", gritan desesperados muchos dueños cuando su perro limpio se revuelca en un montón de heces con el resultado de que ahora despide un aroma intenso y desagradable con el que hay que volver a casa. O peor aún, un hedor que hay que soportar en el coche cerrado de vuelta a casa.

Desde una perspectiva biológica, los perros no son los únicos que tienen este hábito y muchos otros carnívoros restriegan sus cuellos, espaldas y mandíbulas en materias de fuerte hedor: por ejemplo las hienas moteadas se restriegan así y reservan sus revuelcos más entusiásticos para cuando ellas mismas vomitan bolas de pelo. Para las civetas, revolcarse en despojos animales forma parte de su dieta y de su comportamiento sexual; revolcarse sobre carroña descompuesta es también un comportamiento corriente en varias especies salvajes de la familia de los perros.

Algunos no carnívoros, tales como los venados machos, se fabrican un lugar donde revolcarse en el barro con su propia orina en el momento culminante de su época de reproducción, y restriegan y saturan sus pelos en el hediondo fango. Hasta los gatos más remilgados y de pelo más fino se revuelcan en matas de la llamada hierba gatera, que tienen un aceite volátil parecido a los aromas sexuales.

La explicación al uso del porqué los perros se revuelcan en las sustancias olorosas es que intentan enmascarar su propio olor por razones predatorias o de relación social. Sin embargo, el zoólogo R. F. Ewer señaló que, en la familia cánida, los órganos para marcar con el olor no están tan desarrollados como en otros carnívoros, posiblemente

SOLUCIONES

- Controle cuando su perro se centra en algo oliente del suelo y empieza a trazar círculos a su alrededor; en cualquier momento dejará caer los hombros y, a continuación, el cuerpo entero.
- Anticípese, y distraiga a su perro llamándole.
- Si lleva a su perro con bozal, tire de él hacia un lado, y muéstrele rápidamente algún juguete que le distraiga.
- Aléjese del lugar, ordénele luego: "siéntate", y recompénsele cuando lo haga.
- Ponga especial cuidado con el pescado podrido de las orillas de los ríos y cauces de agua, pues es una de los hedores más temidos en el pelo de un perro.

porque han generado una mayor dependencia respecto de signos vocales o visuales que pueden adaptarse con mayor rapidez a las circunstancias. Tal vez ése sea el motivo por el que, en ocasiones, "toman prestados" los aromas de otro revolcándose y puede (comparados con otras especies) que también tenga una función sexual.

El olor le parece agradable al perro y a veces, cuando uno se revuelca en los excrementos o en la carroña, algún otro, atraído por la actividad, se acerca a olisquear y a hacer lo propio. Probablemente lo encuentra tan placentero porque, mientras se revuelca, mantiene la boca abierta, y capta aromas volátiles a través de su órgano de Jacobsen, lo que puede interpretar en términos de olores sexuales.

Cuando llegue a casa con su perro apestoso, debe cepillarle el pelo antes de lavarlo para eliminar el olor y no enfrentarse a problemas de apareamientos no deseados. Si tiene un perro muy aficionado a los revolcones en la inmundicia, puede que tenga que bañarle más a menudo de lo que le conviene a su manto, por lo que debe usar un champú suave e inodoro.

No debemos reñir con demasiada severidad a nuestros perros por tener esa costumbre; después de todo, nosotros hacemos lo mismo, y nos aplicamos olores muy fuertes –por más que procedan de una botella– por motivos de seducción sexual. ¡Algunos de los perfumes más caros del mercados están basados en la algalia, un material que exudan unas glándulas que las civetas (o gatos de algalia) tienen en el trasero!

Sealyham terrier

Un viajero infeliz

La existencia y funcionamiento de los coches constituye una evidencia diaria para el perro moderno. Aunque a la mayoría les gusta viajar, otros tienen problemas con ello. A algunos, el movimiento del vehículo les da náuseas, a otros les parece una experiencia tan intimidante que sus reacciones llegan al pánico. La clave para evitar todos esos problemas está en habituarlos gradualmente. Fragmente el proceso en pequeños episodios soportables a los que el perro se vaya acostumbrando.

Deje que su perro se acostumbre a estar en el coche cuando no vaya a ninguna parte: que se siente dentro, y luego regresen a casa. En otras ocasiones, siéntese con su perro en el interior del coche en marcha, pero sin moverse de sitio. Apague el coche y regresen a casa. Repítalo durante breves periodos de tiempo, y regrese siempre de vuelta a casa directamente. Luego aumente la duración del ejercicio. Este aprendizaje gradual es muy eficaz en perros recelosos y excitables, que llegan a poder montarse a un coche y viajar de una manera más normal, menos estresada.

Con los perros dominantes proclives a mostrarse posesivos, evite darle la sensación de que se halla en una posición equivalente o de que reconoce su dominio permitiéndole subirse al coche y sentarse en los asientos en cuanto se abre la puerta. Si tiene un coche en el que cabe un cajón, puede aprovecharse de los beneficios obtenidos con el adiestramiento del cajón (página 84): el perro se sentirá seguro en su cajón familiar y no podrá salirse de ella ni destruir nada (arriba: puli y cajón).

Caniche miniatura

Cuando el perro va a entrar en el coche o en el cajón, instrúyale con la orden de esperarse o de sentarse y esperar. Igual de importante es que, cuando vaya a salir del automóvil, no se precipite al exterior de un salto: las aceras y los parkings no son lugares seguros para perros que salen de un coche de sopetón. Aparte de que, en su entusiástica salida, pueden dañar a quien esté en el coche.

Si el cajón no le cabe en el coche, hay rejas de perro ajustables que compartimentan el coche. Hay que acostumbrarle a estar en él igual que a estar en el cajón. Sin embargo, si es una parte del coche donde en otros momentos se sientan personas, no permita que el perro destruya y arruine la tapicería. ¡Las personas también tienen sentimientos!

El perro que viaje sin un habitáculo cerrado debe llevar un arnés con fijaciones al cinturón de seguridad. Tal vez al perro le resulte difícil acostumbrarse a él al principio pero es que, en un impacto, el animal se puede convertir en un potencial proyectil letal.

Cocker spaniel

SOLUCIONES

- Evite excitar demasiado a su perro si van a montarse en coche; tanto para él como para su seguridad y la de todos los que van en el vehículo, es mejor que esté calmado.
- No hay que dejar a los perros encerrados en un coche sin ventilación ni sombra, bajo el sol; los perros grandes y los que tienen la cara chata corren un riesgo especial dentro de un coche sofocante.
- Los perros también necesitan paradas para beber agua y estirar "las patas".

85 Nuestra creciente comprensión de los perros

En tanto que el periodo de la asociación inicial entre el hombre y el perro que dio lugar a la emergencia del perro doméstico se establece hoy en día mucho antes en el tiempo de lo que se creía hasta el momento –hace unos 14.000 años (y posiblemente muchos más)–, la relación ha tenido tiempo suficiente para madurar.

Cachorros nepalíes

A finales del siglo XIX, el investigador ruso Ivan Pavlov adquirió fama mundial por sus trabajos con la reacción de los perros a las campanas y su respuesta condicionada: salivar. Su labor fue investigar tanto la adquisición como la inhibición de los reflejos condicionados. Alrededor de la misma época, mediante sus pruebas con animales metidos en cajas que accionaban palancas, Edgard Thorndike investigó los métodos de aprendizaje que interpretó en términos de ensayo y error.

Uno de los pioneros de los sistemas instrucción más reciente fue Honrad Most, cuya obra *Training Dogs* se publicó en 1910 y dejó establecidos algunos de los conceptos conductistas del aprendizaje. Fundó el sistema de los perros militares alemanes, y también fue director del Army Canine Research hasta 1937. A partir de la primera guerra mundial se empezó a adiestrar a muchos perros lazarillo para los soldados que perdieron la vista en Alemania.

La perspectiva cambiante

El control tradicional insiste en castigar la "mala conducta", algo que la naturaleza jerárquica aceptaba, aunque no siempre sin problemas. Hoy, sin embargo, el énfasis se coloca en la recompensa, y el reconocimiento de que su afirmación pasiva de rango es de herencia lobuna.

Border C
y Pastor
alemán

Seguir los mismos rebaños no propició la relación entre hombres y lobos, pero que estos últimos se alimentaran de la carroña de sus presas cambió las cosas. No obstante, la mayor transformación debió darse con el contacto entre los cachorros y la gente que los criaba, con la inevitable socialización que ello comportó. Desde entonces incluso hemos llegado a ponerles un collar y una correa y a controlarles. El primer manual de perros escrito del que se tiene noticia se titula *Cynegeticus* y lo escribió Jenofonte, soldado y escritor nacido en el Ática alrededor del 435 a.C. Escribió acerca de las razas y la instrucción de los perros de deporte con un detallismo notable.

La instrucción ha sido uno de los aspectos claves de la relación entre el hombre y el perro a lo largo de siglos, y se han utilizado métodos muy diversos para adiestrar a estas especies tan listas. Con todo, la perspectiva científica del conductismo moderno se basó en buena medida en las observaciones sobre expresiones y posturas de perros recogidas por Charles Darwin en *La expresión de las emociones en hombres y animales,* publicado en 1872. C. Lloyd Morgan desarrolló el método de "ensayo y error" observando a sus propios perros.

El cambio de un adiestramiento tradicional basado en correctivos al presente, basado en la recompensa, es una consecuencia de los hallazgos de B. F. Skinner, quien acuñó el término "conducta operante" en 1937. En esencia, la conducta que muestra modificación es operante. Por ejemplo, si un lobo o una manada caza varias veces por una zona sin obtener recompensa por ello, sin cobrar pieza alguna, cambiará de lugar.

Pavlov dejó establecida una respuesta condicionada a las campanas a partir de la producción de saliva que experimenta el perro ante la comida. Skinner distinguió la conducta operante como aquella que queda reforzada por una recompensa tal como la comida. Así, las recompensas serán "refuerzos positivos", dado que incrementan la posibilidad de que se dé dicha conducta.

Labrador

En 1951, Skinner escribió acerca de la posibilidad de conformar la conducta de un perro a partir del refuerzo de la conducta operante con la ayuda de un control remoto (originalmente, con la ayuda de un grillo de juguete que se podía accionar). Luego sustituía una respuesta condicionada al control remoto por la respuesta aprendida ante la comida, y el control remoto era un "refuerzo condicionado" (véase página 122).

Los instructores de animales de exhibición y de circo llevan años enseñando a perros, y otros animales, a hacer complejas secuencias de conducta novedosa, como por ejemplo que un perro mayor tire de una carretilla donde viaja uno más pequeño. Skinner examinó y empleó la técnica de la conformación de cada componente conductivo individualmente, añadiendo luego otros en una cadena de instrucción de conductas novedosas, en un "encadenamiento". Prácticamente todos los propietarios pueden conseguir dichas secuencias conductivas utilizando técnicas de refuerzo positivo (recompensas). Las recompensas en forma de comida suelen ser unos tacos de carne. Aunque también se les puede recompensar con elogios, unas caricias, dejarles su juguete favorito, o con una recompensa condicionada, como por ejemplo accionar el control remoto.

Sin embargo, las ideas de Skinner surgen de su concepción del perro como un "autómata", por lo que no admite sus instintos. Algunas conductas no resultan tan fáciles de cambiar a partir del condicionamiento dada la herencia genética de un perro, como el instinto de caza.

87 El control remoto

¿Qué es un control remoto para perros? No tiene nada de mágico, no es más que una pequeña tira de metal flexible dentro de una caja de plástico que, cuando se acciona, hace un "clic". Es una herramienta de control canino muy simple, pero muy eficaz.

La utilización de un control remoto ayudará a su perro a crear una asociación en su mente entre el "clic" y los pedacitos de comida con que lo recompensa. Haga que su perro realice alguna actividad que usted sepa que está a su alcance, como sentarse o, si todavía no le ha adiestrado a hacerlo, limítese a decir el nombre del perro y, cuando le mire, accione el control remoto y recompénselo. Repítalo varias veces y el perro trazará la conexión.

La gran baza del control remoto es su precisión. Es imposible sacar la golosina, o elogiar al perro en el preciso momento en que el perro está haciendo bien lo que hemos requerido de él. El control remoto es instantáneo. La ventaja de su precisión es que el perro capta exactamente lo que usted quiere, en lugar de quedarse dudando entre múltiples opciones. La mayoría de los propietarios que no tienen experiencia en adiestramiento utilizan un amplio abanico de palabras durante la instrucción y, aunque nosotros sepamos lo que estamos diciendo, nuestro perro no habla nuestro lenguaje y nuestras instrucciones carecen de la claridad requerida. Con el control remoto, ¡el perro estará encantado de que por fin hayan hallado la forma de comunicarse!

Para una alternativa a la instrucción convencional basada en el correctivo, en el que se puede reñir al animal por su "mala" conducta y animarle por la conducta "buena" o "requerida", el control remoto es un sistema operante por el que se recompensa la conducta "buena" o "requerida" específicamente. Usted conforma la conducta en la dirección deseada simplemente reforzando positivamente; en un inicio con el clic, el "reforzador condicionado", y luego recompensando con una golosina o alguna alternativa.

Ya sea para conseguir que un perro desfile a través de un laberinto de conos o, en un mundo más práctico, que un propietario discapacitado consiga negociar una ruta determinada con su perro, o que coja las llaves de un gancho, el principio por el que opera el control remoto es el mismo.

Espere hasta que el perro se acerque a un cono y empiece a dar vueltas a su alrededor, haga "clic". Cuando se acerque a otro cono de la misma manera, accione de nuevo el control remoto y déle un regalo. Verá lo listo que es su perro cuando, tras unos cuantos clics, haya captado en qué consiste, aunque también depende de su control del tiempo y en que accione el control en el momento preciso. ¡El tiempo lo es todo! No lo practique durante mucho rato, y acabe todas las sesiones con muestras de elogio y afecto que incluyan algún elogio con recompensa práctica.

El adiestramiento con control remoto no sólo es práctico para aprender nuevas rutinas; también puede corregir problemas reforzando con él las nuevas conductas preferidas. Por ejemplo, cada vez que un perro deja de tironear la correa y ésta se sujeta floja, accione el control remoto y luego obsequie al perro. Al cabo de un tiempo sorprendentemente breve, la conducta cambia. Puede utilizar el control remoto cualquiera que sea la edad del perro, desde un cachorro hasta un animal maduro. ¡Así podrá enseñarle trucos nuevos a un perro anciano!

Accionar el control y premiar

Para que el sistema funcione, hay que seguirlo con cierta disciplina:
- En primer lugar, no utilice el control remoto como si fuera un juguete ni permita que lo use nadie más.
- Segundo, los clics rápidos y arbitrarios sin recompensa destruyen el vínculo necesario en la mente del perro entre el control remoto y el premio.
- Finalmente, no abuse del control remoto: su aplicación es únicamente para fines instructivos.

Durante la instrucción, es probable que su perro muestre tendencia a interesarse en algo distinto a lo que nos ocupa. Puede concretarse de muchas maneras, desde husmear y abstraerse en un rastro interesante hasta el modo en que los más pequeños y respondones se defienden cuando protegen el espacio que han ocupado, como por ejemplo una silla. Otra regla general que se puede aplicar con éxito es interrumpir el patrón establecido con una distracción.

Dálmata

Para distraer a más distancia, como cuando el perro se ha soltado de la correa y no quiere regresar, o está demasiado interesado en otras cosas, son efectivos los movimientos más amplios y más sonoros. Eso puede incluir que usted mismo realice un movimiento inesperado, tal como correr en círculos agitando los brazos y gritando, o tumbarse en el suelo y dar tumbos; algo tan insólito que ningún perro se resistiría a acercarse e investigar. Sea la que fuera la distracción por la que opte, no será tan efectiva si no va seguida del estímulo o el permiso para practicar una actividad preferida, o un movimiento, y el momento en que le da el premio o le hace el elogio es especialmente crítico.

PISTOLAS DE AGUA

Uno de los métodos de interrupción que suelen recomendar los conductistas es rociar al perro con una pistola de agua: es especialmente efectivo si se les dispara a la nuca de los perros grandes, porque si el perro le ve disparar, el efecto será más de castigo (o de ataque), en lugar de constituir una distracción independiente. Además, hay que colocar las pistolas de agua en posiciones estratégicas, y el tiempo que nos lleva hacernos con ellas significa que igual nos perdemos el momento preciso en que hay que distraerle. El método resulta también problemático con los perros vulnerables o particularmente dominantes.

Una de las formas de distracción consiste en unos discos que se han comercializado y que puede llevar en el bolsillo y arrojarlos al suelo cuando sea necesario. Un manojo de llaves sirve igual. Se pueden realizar sonidos alternativos raspando con unas monedas por los surcos de las botellas de plástico de agua, el latón o una bolsa de plástico. (Una de las ventajas de este último método, es que el sonido no parece proceder del propietario, sin embargo, la mayoría de los perros establecen la relación si se repite varias veces.) Una vez que hemos logrado distraerle, hay que llamar al perro y empezar de nuevo la actividad.

Con todo, lo más inmediato, y a menudo lo más apropiado, es que el propietario profiera un sonido firme y agudo como un "huuuuuu", parecido al de otro perro. Eso les distrae, igual que una palmada seca.

Los collares de adiestramiento que se publicitan como "disuasorios" le dan una descarga eléctrica o una de vapor de cidronela cuando el perro ladra o se acerca a los límites de la finca. Dado que la única recompensa es que cese el estímulo negativo, constituye en mayor medida un castigo que una distracción.

Si es la primera vez que va a adiestrar a un perro, le conviene asistir a unas clases de instrucción canina. Instructores caninos experimentados le garantizarán que usted y su perro logren un buen nivel. Sin embargo, lo más importante es que usted consiga establecer una relación buena y adecuada con su perro y trabajar a partir de un conocimiento de las necesidades del animal.

Border collies y chucho de pelo negro y labrador amarillo

Pembr. corgi, bóx... blanco, mestizo

Las clases de instrucción para cachorros pueden ser muy provechosas para estimular la socialización temprana: si el cachorro hubiera nacido en libertad, se habría pasado algunas semanas más jugueteando con sus compañeros de camada que si se lo lleva usted a su casa. Debe enseñarle al cachorro algunos movimientos básicos dentro de la casa tal como indicamos anteriormente en este libro. Cuando sea lo bastante mayor, asistirá a clases de nivel básico de obediencia, impartidas por un instructor canino con experiencia. Dichas clases son eficaces tanto para que el propietario aprenda a posicionarse respecto de su perro para que éste comprenda lo que quiere su dueño, como para instruir a los perros. Aprenderán en equipo.

No se deje vencer por el desaliento, sobre todo al principio, si descubre que el perro responde mejor al instructor que a usted. La respuesta de un perro está tan relacionada con la comprensión de lo que pretende quien le instruye como con el aprendizaje de los movimientos, y el instructor tiene que saber transmitirle clara y confiadamente cuál es su intención. A medida que obtenga experiencia, ganará también confianza y su perro responderá mejor.

Sin embargo, dado que las clases acostumbran a ser semanales, su intervención es limitada aunque pueden certificar si están progresando en la buena dirección. Un buen instructor se dará cuenta en seguida de si les va bien o mal. La responsabilidad de brindarles una instrucción adecuada a nuestros perros recae directamente en nosotros. Así, durante el resto de la semana tendrá que dedicarse a ello.

Una vez que haya conseguido un buen nivel de conducta requerida, puede pasar las clases a una vez al mes. La ventaja de seguir yendo es que les mantiene a ambos concentrados en el adiestramiento; impide que les venza la pereza, se olviden de practicar los ejercicios o adquieran malos hábitos.

Si descubre que le gusta mucho practicar ejercicios con su perro y quiere hacer algo más que practicar los movimientos básicos, infórmese acerca de los cursos avanzados y los grupos, que le brindan la oportunidad de especializarse en agilidad, rastreo, exhibición y otras posibilidades competitivas.

EMPEZAR

Puede hallar información de los clubs de adiestramiento de perros de su zona y sus clases en la guía de teléfonos, en Internet, consultando a su veterinario, a través del Kennel Club o vía alguna asociación de instructores de perros que le recomienden en su zona.

Hable con los demás dueños de perros y escuche sus experiencias; vaya a las clases solo y siéntese, tómese el tiempo necesario para decidir si el instructor o el club se ajustan a lo que desea.

Antes de tomar decisiones, asista, si puede, a varias clases. Los buenos instructores no se ofenderán por ello. Al contrario, les complacerá que se esté tomando tanto interés por su perro.

Adiestramiento de perros de caza 90

Hoy en día, las razas que se han desarrollado como perros cazadores han pasado a ser perros de familia, y se les adiestra para tal fin, o para competiciones de obediencia o de agilidad. Sin embargo, a algunos se les adiestra para su uso original, pese a que eso implica que el perro no se adaptará bien a la vida familiar. Los propietarios que utilizan perros de caza en activo acostumbran a seleccionarlos a partir de líneas de trabajo acreditadas que les han dado fama.

Comprensiblemente, los perros cazadores requieren una instrucción especializada, o una instrucción que insista en determinados aspectos, que puede proporcionarle la sociedad de cazadores local, cuya dirección conseguirá a través del Kennel Club. Por ejemplo, uno de los requisitos básicos del cazador que tendrá que trabajar sobre el terreno o en pruebas sobre el terreno, es que tiene que sentarse cuando se lo mandan, por más que sus instintos le manden cazar.

Los instructores de perros cazadores experimentados enseñan poco a poco a los cachorros de menos de seis meses a acatar las órdenes de control práctico, como sentarse, "a mi lado" o meterse en el agua. Cuando son algo mayores, se puede empezar ya con una instrucción más intensa.

Roles diferentes

Dado que los distintos tipos de perros cazadores se desarrollaron para cumplir con varios roles, tras la instrucción general se han separado naturalmente en distintos adiestramientos específicos. Por ejemplo, olfatear en busca de una presa significa avanzar sistemáticamente en una dirección durante 2 kilómetros y regresar si se lo mandan, intentando a la vez cubrir la zona.

El rol histórico y "laboral" de un spaniel ha sido buscar metódicamente la pieza y luego, levantar la pieza olfateando para, acto seguido, pararse y no seguirla. Dado los límites del alcance de un disparo, las actividades de un spaniel tienen que limitarse a los 2 kilómetros de radio de una escopeta.

Springer spaniel

Problemas hereditarios

La utilización de los perros para exhibición, en lugar de adiestrarlos para la caza, como en el pasado, ha comportado un amplio abanico de defectos heredados en los perros. En la actualidad, no existen razas comunes sin problemas hereditarios: los perros grandes como los pastores alemanes tienen problemas de displasia de caderas; los perros con las orejas caídas, como los bassets y los cocker spaniels, son dados a fabricar un exceso de cera y a tener infecciones de oído; los cavaliers king charles spaniels y los doberman pinschers presentan complicaciones cardíacas, los bulldogs ingleses tienen varios problemas, etc.

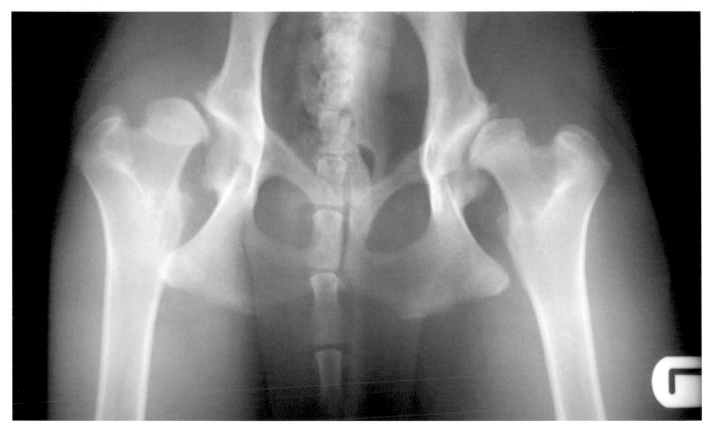

Los perros que han sido seleccionados por su gran tamaño son, por naturaleza, más vulnerables a las luxaciones y lesiones musculares de los huesos y las articulaciones. La junta articulada de las caderas de los perros grandes, incluidos los pastores alemanes y los labradores, puede sufrir un proceso degenerativo, y causarles dolor o, en casos extremos, incapacitarles para andar. Durante los años setenta, el British Kennel Club y la Asociación Británica de Veterinarios introdujeron la idea de buscar anomalías severas a las caderas de perros de un año de edad observándolas a través de rayos X, y hallaron una incidencia de 0 a 53 por cada articulación. En la actualidad, ésta es una práctica habitual, y es aconsejable no hacer criar a un perro que tenga muchas posibilidades de sufrir dichas dolencias. Analizar las caderas de un perro no sólo sirve para informar a los criadores; también permite que cada uno de los propietarios planifique un programa de nutrición y ejercicio, lo que puede reducir significativamente los daños. Los propietarios deben ser precavidos, pues los perros ocultan fácilmente su dolor, y no hay que hacerle practicar

mucho ejercicio a costa de analgésicos, pues puede ser perjudicial.

La displasia de codo es la malformación de una cartílago dañado en la articulación del codo, que también afecta a los perros grandes, incluidos los gran daneses, los terranovas, los mastines ingleses, los pastores alemanes, los labradores, los golden retrievers y los perros de las montañas de Berna. Existe un sistema de gradación que mide los problemas de codo.

No todos los problemas son una herencia genética directa, como una enzima modificada. Suelen ser el resultado de una selección genética dado un factor como el tamaño; en los casos de displasia de cadera o de codo, intervienen tanto los factores genéticos como ambientales. Una de las formas de la displasia de codo, la *osteocondritis dissecans*, surge de la interrupción del flujo de oxígeno y nutrientes al codo durante el crecimiento. Es común entre los labradores y los golden retriever, y una forma parecida se da entre los pastores alemanes.

En términos de cambios morfológicos, los dachshunds, los basset hounds y los pequineses son susceptibles de sufrir hernias discales. Los dachshunds también tienden a tener diabetes, además de los caniches y los cavalier king Charles spaniels, mientras que el problema de los dachshunds y los caniches es la obesidad, igual que los labradores y cocker spaniels. La popularidad de los labradores nos la recuerda la imagen de dichos perros obesos al visitar las clínicas veterinarias.

Los defectos del ojo de origen genético son relativamente comunes, y no hay que hacer criar a los perros que los tengan. La atrofia progresiva de la retina es una enfermedad por la que los vasos sanguíneos del ojo se secan, con la consecuente pérdida de función en zonas de la retina y, mientras que labradores y golden retrievers tienden a perder la visión del área central, razas como los dachshunds, caniches, sprinter spaniels ingleses y setters irlandeses pueden perder la visión total en esas condiciones.

Tanto los collies como los pastores de Shetland pueden presentar ese desorden congénito. El collie mira de modo anómalo, lo que también daña la retina. Mientras que sólo el 6% de los perros con este problema pierden el ojo enfermo, una proporción desconcertantemente más alta de collies y pastores de Shetland presentan esa afección, por lo que es la enfermedad de los ojos más común entre los perros ingleses. Desgraciadamente, el modo en que se hereda implica que perros con ojos sanos pueden tener cachorros afectados por el mal, aunque por fortuna se puede detectar en cuanto nacen (las pruebas de ADN pueden identificar algunos problemas genéticos).

Rough collie

Golden retriever y pastor alemán

Conducta

Algunos de los problemas heredados constituyen desórdenes de conducta específicos: los cocker spaniels de colores sólidos (de un solo color) son proclives a presentar el síndrome de la rabia, mientras que algunos cavalier king Charles spaniels muestran un tipo de epilepsia psicomotora, que se manifiesta con un movimiento de las mandíbulas como a si cazaran moscas imaginarias.

Los ojos de las razas que tienen la cara chata, como los pekineses, corren el peligro de que un golpe o el hecho de cogerles por el cogote se los saque de las cuencas, del hueso que contiene la órbita, pues sus ojos están menos incrustados que los de otras razas. Los perros que han sido criados y seleccionados a lo largo de los años para obtener de ellos una carita más pequeña y plana son más dados a tener problemas respiratorios, ya que el velo del paladar adquiere un tamaño desproporcionado y puede bloquear la laringe.

¿Una raza forzada?

El bulldog inglés es la cristalización de los problemas relacionados con la crianza. La historia de la cría selectiva, hasta el advenimiento de las restricciones que se aplicaron a la exhibición, registro y crianza, fue un asunto de una finalidad más específica. Lo importante era que los perros pudieran realizar alguna tarea, y se consideraba que un poco de cría y otro tanto de selección aquí y allá estaban justificadas si finalmente se obtenían los resultados esperados.

Hoy en día la gente considera que la idea de crear un animal a partir de otro es horrenda. Sin embargo, en Inglaterra, a mediados del XVIII, era común mostrar seres criados de esa manera en ferias y acontecimientos, y podían llegar a multar a los carniceros que mataran a un toro sin antes haberlo hecho luchar. (El bull-baiting –las peleas de toros– se prohibió en el Acta contra la Crueldad para con los Animales de 1835, y desapareció de manera efectiva en 1840.)

Está claro que los perros de presa que se les soltaban a los toros no tenían una apariencia uniforme. Se les seleccionaba por su fuerza, por su agilidad (para rehuir los cuernos) y por su mandíbula prominente que daba agarre a su dentellada. Eran animales tan valientes y temerarios que, en el siglo XIX apareció una caricatura de John Bull con rasgos de perro y acuñó la imagen del tenaz bulldog inglés aplicada a los ingleses. Durante la segunda guerra mundial, ese perro de cabeza redonda y aspecto rechoncho se convirtió en un icono de la nación en tiempos de peligro y el parecido entre el primer ministro Winston Churchill y el bulldog fue explotado tanto por los caricaturistas como por él mismo.

Aunque la función para la que había sido creado el perro desapareció antes de que aparecieran las exhibiciones caninas, la raza cambió radicalmente cuando pasó a ser un perro de exposición. La exhibición colma muchas funciones positivas en la promoción de los perros pero comporta riesgos terribles que no venían impuestos por el proceso de selección para la conformación del perro de labor original.

Una vez que una descripción por escrito establece el estándar con una característica, como por ejemplo la cabeza redonda en el caso de los bulldogs, y los jueces puntúan en base a estos rasgos, es inherente que el sistema seguirá buscando características extremas y exageradas. A menos que se reconozca la fatalidad matemática y se compense adecuadamente la búsqueda de determinadas características, se pueden llegar a provocar problemas genéticos. Si añadimos a todo ello la crianza dentro de un pedigrí, evitando el cruce de razas para obtener una conformación adecuada, no es sorprendente que el moderno bulldog inglés haya cambiado tanto desde sus activos ancestros. La selección por la función así como por la apariencia ha mantenido la vitalidad de la raza, que está en riesgo de extinción dado que ya no se le necesita para su función original.

Bulldog inglés del siglo XIX

EL BULLDOG EN LA ACTUALIDAD

Hay mucha gente que tiene debilidad por el bulldog inglés, pero las cosas han ido tan lejos que la mayoría de los cachorros no sólo tienen que nacer por cesárea, sino que incluso el acoplamiento entre macho y hembra tiene que ser asistido por el hombre (y en número de hasta tres personas). Los adultos pueden presentar problemas de displasia de codo, y hay que realizar pruebas de displasia rotular antes de plantearse hacerle criar. También es común entre ellos el prolapso de la glándula del tercer párpado.

El problema más destacable es que, dado que se trata de una raza de cara chata, el bulldog inglés tiene problemas respiratorios y hace ruido al respirar debido a que se les desprende el velo del paladar por cuestiones genéticas. La molestia de los ronquidos de los bulldog y de otros perros de rostro chato (braquicefálicos) se agrava cuando los esfuerzos, el calor excesivo o las descargas nasales pueden provocarle una crisis. Dichos perros pueden morir de asfixia.

Así como, a lo largo del siglo XX, permitimos que se les crearan problemas de salud a los bulldogs y otros perros, con la nueva perspectiva del siglo XXI hay que criarles de forma que restablezcamos su bienestar.

El ejemplo clásico del tipo histórico de perro de labor o de deporte que sostiene la combinación requerida de función y aspecto es el perro señuelo. Nunca ha sido una raza en el sentido moderno que establecen las exhibiciones caninas, y presenta pocas diferencias en su cría y selección respecto de otros perros de deporte, como por ejemplo los spaniels.

Señuelo

Los perros señuelos de charca se desarrollaron en Holanda para atrapar a los patos salvajes, y se introdujeron en Inglaterra en el siglo XVII. Pese a que, en otros tiempos, los señuelos cazaban a pájaros que acababan en la cazuela, hoy en día se les utiliza para implantar anillas a los pájaros con el fin de realizar estudios sobre migraciones.

Perro señuelo inglés

La característica básica de los señuelos de estanque es el perro-señuelo. El estanque-señuelo es un artilugio que se coloca en una charca de poca profundidad y tiene unos brazos curvos y en forma racial que hacen que, desde arriba, parezca una estrella giratoria. El señuelo se granjeó el nombre de "jaula de patos" por la red que rodea una serie de aros decrecientes instalados en los brazos o "conductos". En la orilla donde se colocan el lado curvado de los conductos hay unas rejillas de caña pero, en lugar de constituir una valla continua, están sueltas para parecer continuas desde el estanque, aunque hay huecos por los que puede deslizarse el perro.

Cuando ya tienen a suficientes patos en la charca, el hombre y el perro señuelo se colocan donde no puedan verles, junto a la rejilla que está más cerca de la charca mayor y los patos. El hombre-señuelo le hace una señal silenciosa al perro-señuelo, que trota junto a la rejilla y salta por encima de la rejilla superior hasta que entra en el campo de visión de los patos.

Si el perro corriera hacia los patos, estos saldrían volando, pero el animal ha sido instruido para alejarse de ellos delante de la rendija siguiente, meterse en el conducto y desaparecer de su vista saltando hacia atrás. Entonces se da la vuelta dentro de la rejilla y aparece de nuevo, alejándose del pato.

Los hombres-señuelo siempre han escogido a perros pequeños, ligeros, de pelaje rojizo y aspecto zorruno, que consideran esencial. Al parecer, los patos se quedan estupefactos al ver que ese depredador nato de su especie se aleja de ellos que, intrigados, empiezan a seguirle por el conducto.

El perro-señuelo se mueve gradualmente por el interior del conducto trazando círculos por las rendijas, y el pato les sigue por el conducto enrejado. Cuando están bien metidos en su interior, el hombre-señuelo aparece y asusta al pato que va a parar al zurrón que se halla al final del conducto.

La eficiencia de la charca-señuelo con la ayuda de un perro puede parecer improbable pero, tras mi experiencia de primera mano con uno de los últimos hombres-señuelo experimentados, Tony Cook de los Fenlands ingleses, puedo confirmar que funciona de mil maravillas y que los patos, efectivamente, siguen al perro-señuelo.

6

Los perros y nosotros

Cachorro de labrador negro

Elecciones inapropiadas

Gran danés

La causa más habitual de muerte entre perros de menos de 18 años es la eutanasia, provocada básicamente por "problemas de conducta". Esa realidad tan escalofriante significa que optamos, por defecto, por matar a más perros de los que mata la enfermedad, el tráfico o cualquier otro motivo. Además, suele ser porque no sabemos abordar un problema que hemos creado nosotros mismos.

Los problemas también son debidos a que realizamos elecciones inadecuadas. Por ejemplo, una mujer soltera con niños pequeños que opta por un perro grande, como un pastor alemán, con el fin de que les proteja sin reparar en que, por la seguridad de los niños, el perro debe reconocerla a ella como al miembro dominante. De un modo parecido, un profesional que trabaja durante muchas horas no debe siquiera considerar la elección de un perro grande y activo, como el husky, para que permanezca todo el día encerrado en un apartamento impoluto, sin pensar también en que el perro, aburrido, lo destrozará.

La elección

Alaskan malamute

Dado que consideramos que los perros son miembros de la familia, cuando escogemos a un perro no sólo debemos atenernos a un solo criterio, como que sea mono, parezca necesitar protección o nos dé pena. Está claro: escoja bien y lo tendrá consigo y su familia durante la siguiente década; escoja mal y más temprano que tarde lo habrá rechazado.

Una de las "razas" más ignoradas es la del chucho mestizo. Pese a que, con ellos, no se puede determinar exactamente qué nos llevamos a casa en términos de pedigrí, de lo que sí cabe estar seguro es que su excelente mezcla de razas le proporciona una herencia genética probablemente libre de problemas congénitos. Sin embargo, la razón por la que un buen número de perros mestizos presentan problemas de conducta es que se les recoge de algún refugio de perros abandonados. Dichos perros pueden suponer un peligro para familias jóvenes y, pese a que el potencial propietario puede querer ayudar a un perro abandonado, no debe hacerlo a expensas de la seguridad y el bienestar de sus niños y familia. Si quiere llevarse un perro de un refugio canino, debe hablar largo y tendido con el equipo de ese centro acerca de lo adecuado de su elección.

Ya sean perros recuperados de un refugio canino o se hayan seleccionado para su cría, los perros grandes no son adecuados para casas o apartamentos pequeños, especialmente si deben compartir el espacio con niños pequeños o gente anciana que no pueden defenderse de un perro grande y exuberante. Antes de realizar una elección basada en el color del perro o en la belleza de su carita o de sus ojos tristes, el propietario potencial debe realizar un buen examen de la vida que lleva, de los cambios que deberá realizar y de cuáles son, restringidas y factibles, las elecciones que puede afrontar.

¿Cuenta usted, propietario potencial, con un jardín que se ajuste al tipo de perro que desea tener, en términos del tamaño y del nivel de actividad que requiere dicha raza? ¿Debe quedarse con un macho, teniendo en cuenta los problemas de dominio que puede presentar? ¿Tiene a los vecinos muy cerca? Algunos perros ladran en exceso, ya sea por sus funciones de perro guardián o por cualquier otro motivo.

También es más caro alimentar a un perro grande, que come 20 veces más que uno pequeño. Los cuidados veterinarios también son caros: las razas grandes no suelen vivir tanto como las pequeñas, y algunos perros grandes tienden a tener problemas de cadera.

Asimismo, deberá ser realista respecto a la cantidad de tiempo de que dispone al día si requiere de unos cuidados minuciosos, como en el caso del galgo afgano, por ejemplo.

Razas dominantes y agresivas

Algunas razas dominantes, como los afganos, pueden ser difíciles de instruir, y quizás también habría que evitar a otros que tienen fama de agresivos, o que han sido seleccionados para realizar una tarea de características agresivas. Por ejemplo, ha habido una gran polémica acerca de lo adecuado de clasificar a los pit bull terriers como perros peligrosos. No obstante, parece obvio que si los perros pastores genéticamente seleccionados son hábiles reuniendo el rebaño, es difícil que un perro que ha sido seleccionado para luchar sea una buena mascota familiar.

El mastín napolitano es un perro maravilloso y muy espectacular, pero es muy grande y tiene unos orígenes como luchador. El japonés tosa inu fue seleccionado para luchar hasta la muerte. Hasta el shar pei era un perro de lucha chino, y a pesar de que ahora se le cría de modo que mitigue sus tendencias agresivas, el proceso no se ha completado.

Algunos perros, como el bull terrier inglés, el malamute de Alaska, el pastor alemán o el japonés akita, tienen fama de atacar y de luchar ferozmente con los demás perros. Si va a quedarse con un perro de ésos, debe prever los problemas de dominio dentro del hogar, así como las cuestiones relacionadas con la seguridad. Asimismo, algunos perros tienden a ser "respondones" con los niños, como el pomeranian, el chow chow y el terrier blanco de las Tierras Altas.

Mastín napolitano

94 ¿Por qué escogemos a un perro?

Son varias las encuestas que revelan que el factor clave que hace que los humanos adopten a un perro es la compañía. En eso, el perro es como el espejo de nuestra alma. La mitad de los dueños son dependientes de sus propios perros.

En un estudio en el que se determinaron los vínculos familiares, una tercera parte de los propietarios de perro dijeron que la relación más estrecha en el seno de la familia era la que mantenían con su perro. De modo que, a pesar de que son de otra especie, algunos de nosotros no sólo consideramos que el perro forma parte de la familia sino que, además, ¡le tenemos por el miembro más importante!

Un estudio del American Kennel Club de 2006 señala que un tercio de las mujeres propietarias de un perro piensan que, si su perro fuera un hombre, les gustaría que fuera su novio, y dos tercios de los propietarios de perros no irían a una cita con alguien a quien no le gustara su perro. Sin embargo, priorizar de este modo al perro puede causar problemas: un 14 % de los propietarios reconoce que su pareja está celosa del perro. La razón principal por la que eso ocurre es que le dedican mucho tiempo al animal, aunque hay quien dice que, en realidad, les gusta más el perro que su pareja.

Los hogares con niños de entre 6 y 17 años son los más dados a tener perros, y es habitual que los padres quieran tener una compañía canina para sus hijos. Un estudio australiano determinó que el motivo principal para tener un perro, además de la compañía y el placer que comporta tener un animal en casa, es la protección. Tres cuartas partes de los propietarios confesaron que la razón de que tuvieran un perro era ésa, y pensaban que el perro protegía el hogar de las incursiones de intrusos.

Pinscher miniatura

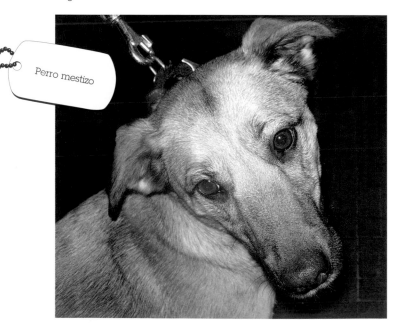

Perro mestizo

LOS PERROS ESTRELLA

¿Qué es lo que hace que escojamos a un perro? Además de los chuchos y las razas no registradas –cuya popularidad fluctúa– en Inglaterra, Estados Unidos, Canadá y Nueva Zelanda el labrador es, definitivamente, la elección estrella. En muchos países europeos, el pastor alemán le disputa la supremacía al labrador.

Para quien desee contemplar un buen muestreo de la enorme diversidad de perros existentes, las competiciones caninas son un entorno idóneo. Si se está planteando tener un perro, esos lugares le brindan la oportunidad no sólo de verlos, sino además de preguntarle lo que desee a los criadores.

Cuando se creó el Kennel Club en 1873, se regularizaron los estándares de las razas y se les permitió competir entre ellas, contrariamente a las competiciones abiertas anteriores, a la manera de las clases para cachorros actuales. La idea de tipificar a los perros suscitó un gran interés y, hace sólo un siglo, Charles Cruft inauguró la mayor exhibición canina que, aún hoy, lleva su nombre. Se celebra anualmente durante cuatro días, cada uno de los cuales se dedican a un distinto grupo de perros a los que se presenta en pruebas de agilidad, flyball y obediencia. La edición de la Cruft de 2005 exhibió a 24.000 perros. ¡Luego hubo que limpiar 10 toneladas de excrementos de perros!

La exposición canina más prestigiosa de América, la del Kennel Club de Westminster, se inició en Nueva York en 1876, y se celebra anualmente en el Madison Square Garden. Las exhibiciones caninas locales atraen a un gran número de gente y perros, y se consideran etapas de los acontecimientos nacionales.

La competición de obediencia supone un incentivo para la mejora de los niveles de excelencia de su perro. Existen dos secciones competitivas caninas —la agilidad y el flyball— que son relativamente recientes pero tienen muchos seguidores. La raza que destaca en ellas es el border collie que, en realidad, es más un perro de trabajo que un perro de pedigrí para exhibiciones.

Border collie

AGILIDAD

El objeto de las exhibiciones de agilidad es competir para ver quién tiene mayor pericia al sortear distintos obstáculos puestos en fila en un tiempo límite.

En estas carreras se disponen una serie de obstáculos: además de las vallas, deben franquear un túnel y pasar a través de un *collapsed tunnel* (una especie de túnel caído), avanzar y retroceder por una pasarela, trepar por un neumático dispuesto en vertical y sortear un eslálom de 12 postes rígidos y colocados muy juntos.

FLYBALL

Este tipo de competición apareció en California a finales de la década de los setenta del siglo XX.

Consiste en una carrera de equipos con cuatro perros, que deben sortear un recorrido en el que se han dispuesto cuatro vallas. El primer perro salta las vallas y cae en una caja angulada donde acciona un pedal que lanzará una pelota de tenis. El perro coge la pelota y regresa a la línea de salida, donde el siguiente perro le tomará el relevo.

96

El bienestar del perro

Todos somos responsables de nuestro perro, y asegurarse de que podemos controlarlo forma parte de ello. También es importante cuidar de su salud y bienestar, pasearlo regularmente, instruirlo, y tratarlo adecuadamente, sólo así podremos cerciorarnos de que nuestro perro no pase a formar parte de las estadísticas de perros abandonados.

SOLUCIONES

Antes de llevarse a un perro adulto –que ha permanecido en un refugio– a su casa, realice unas pruebas de conducta para reducir el riesgo de que tenga que devolverlo. Si responde a las pruebas que se detallan a continuación de modo que pueda preocuparnos, piense largo y tendido si ése es el perro adecuado para su hogar y sea realista: tanto por el bien del perro como de su familia.

- Con el perro atado a la correa, aproxímese a él y compruebe si es receloso.
- Compruebe que responde a la orden básica "siéntate".
- Pídale a alguien que se acerque sujetando a otro perro y observe la reacción del perro.
- Pida que dejen al perro solo en una habitación durante 10 o 15 minutos para ver si está tranquilo.

La visita a un refugio canino puede constituir una experiencia desgarradora: aunque nos guste ver a los perros, y los cuidadores y voluntarios se esmeren en su bienestar, la enorme cantidad de perros que van a dar con sus huesos a un refugio es la auténtica medida de nuestro fracaso, en tanto que sociedad, en el cuidado de nuestra compañía canina.

15.000.000 de animales pasan anualmente por los refugios caninos de los países con mayor número de propietarios de perros. En Estados Unidos, al 56% de los perros que llegan a un refugio se les practica la eutanasia, al 25% los adoptan y sólo el 15% se reúnen de nuevo con sus dueños tras haberse extraviado.

Una de las razones más comunes que aduce el propietario que acude a un refugio a dejar a su perro es que se "muda", y que no podrá tener al perro en la nueva casa. El Consejo Nacional de la Pet Population Study & Policy descubrió que los perros que estaban sexualmente intactos, se habían obtenido gratis y tenían alrededor de los seis meses, presentaban mayores probabilidades de acabar en un refugio pues, al parecer, el propietario había descubierto que daban más trabajo del que creía. En ello podemos ver cómo las falsas expectativas acerca de lo que significa tener un perro acostumbran a ser las poderosas razones que llevan a rechazar a un perro.

Collares y chips

La mayoría de los cachorros que se pierden recuperarían a sus dueños si éstos se aseguraran de que no sólo llevan un collar, sino que, además, en él están sus datos y detalles. Asimismo, es aconsejable implantarle un chip o hacerle un tatuaje, porque los collares y las placas pueden perderse. Tampoco confíe a ciegas en la información contenida en el chip: quien lo encuentre tendrá que hallar también un lector de chips antes de ponerse en contacto con usted. En Gran Bretaña, de los 100.000 perros extraviados que se recogen al año, algunos pasan a manos de las perreras, otros, de las autoridades locales y la mitad de ellos se reúnen de nuevo con sus propietarios.

Obesidad: perros en riesgo

Desgraciadamente, estamos en plena "epidemia" de obesidad canina. Ya a principios de la década de los 70 se determinó que del 20 al 44% de los perros estaban obesos y tenían unos niveles de grasa corporal que perjudicaba sus funciones corporales; y las cosas no han mejorado desde entonces. Con demasiada frecuencia, cuestiones como la recompensa y el afecto se han vinculado de manera condicional a la comida.

La obesidad en los perros no es sino un reflejo del incremento de la obesidad entre los humanos en Occidente, cuyos índices más elevados suelen hallarse en Estados Unidos pero seguidos muy de cerca por los de Gran Bretaña y el resto de Europa. Los individuos con obesidad mórbida tienden a negar que es debida a dos razones muy simples, a saber, ejercicio insuficiente y comer demasiado. Hace treinta años se determinó que los propietarios obesos tienen el doble de posibilidades de tener un perro obeso que los que no lo son. Incluso hoy, un tercio de los propietarios de perros obesos no reconocen que sus perros tienen exceso de peso.

Está claro que no debemos poner en riesgo la vida de nuestros perros, o provocarles una enfermedad causándoles un exceso de peso. Por lo tanto, si nuestro sistema de recompensa se basa en ofrendas de comida, debemos cuidar a la vez de su salud. Casi el 60% de los dueños les da regalos en comida a sus perros, y casi la mitad les va soltando comida en la mesa además de darle de comer aparte. Irónicamente, en eso se basa el método de instrucción de la recompensa operante, razón por la que las porciones deben ser muy pequeñas, y hay que ir sustituyéndolas por otro tipo de ofrendas.

Los riesgos médicos son reales: los perros obesos son mucho más propensos a desarrollar diabetes mellitas, problemas ortopédicos,

artritis, enfermedades cardiovasculares, dificultades respiratorias y otras. Cuando están relacionadas con problemas de peso, estas enfermedades no se han producido por casualidad, las hemos causado nosotros, pues somos los responsables de darles adecuadamente la comida y controlarles la cantidad para que se ajuste a sus necesidades. Uno de los factores clave es el tamaño de la porción, y ahí es donde interviene el factor "afectivo".

Ciertamente, en la mayoría de los casos la obesidad es el fruto de una ingesta demasiado copiosa y poco ejercicio con que "quemarla". En Gran Bretaña, un 25% de los dueños admiten que ni ellos ni sus perros practican el ejercicio adecuado. En Estados Unidos, el 25% de las casas donde hay perros los hay en número de más de uno, por lo que los animales comen de manera competitiva entre ellos.

Algunas razas tienden más a la obesidad que otras, y los propietarios de labrador retrievers, basset hounds, beagles y cavalier king Charles spaniels tienen que poner cuidado. Además, ganar peso puede provocar un empeoramiento de la salud, pero perderlo también.

Los problemas de origen genético que pueden afectar la movilidad o causar dolor, como la displasia de cadera, la osteoartritis, las afecciones del ligamento cruzado y tantos otros, pueden reducir su capacidad para hacer ejercicio y predisponer al perro a ser obeso. La castración puede afectar el sistema endocrino del perro, y provocarle un aumento de peso.

La buena noticia es que, según un estudio realizado por un fabricante americano de comida de perros a lo largo de 14 años, mantener al perro en un peso óptimo puede aumentar su esperanza de vida en un 15%.

Consulte con su veterinario

Si quiere poner a su perro a dieta, especialmente si es de una raza pequeña, consulte con su veterinario para evitar una pérdida de peso demasiado rápida que a su vez le cause problemas.

La actitud de la gente hacia los perros está cambiando. No sólo hay que basarse en las estadísticas sobre el número de propietarios de perros en Estados Unidos (65 millones) sino, sobre todo, a las cifras que arroja Alan Beck sobre el peso de las heces diarias de un perro: 0'34 kg. Lo que suma un total de 22.100.000 kg de heces caninas diarias en Estados Unidos y ¡8.000.000.000 kilos anuales!

Pese a que la reacción de aversión de la gente ante los excrementos de los perros está basada en el fastidio que supone pisar uno en la acera, también está justificada en la salvaguarda de la salud pública, y hay que tener en cuenta que hay niños (de entre 2 y 5 años) que se infectan de larva migrans visceral gateando y comiendo arena de los parques. Los dueños responsables sacan a sus perros provistos de unas bolsas especiales (las hay en rollo) para recoger sus excrementos.

Con la creación de los parques caninos (en la actualidad hay 700 en Estados Unidos) se generó otro tipo de debate. Normalmente, en esos recintos los perros van sueltos, para deleite de los perros bien adiestrados y de sus dueños y, aunque en algunas zonas han tenido mucho éxito, en otras comunidades han causado problemas.

Cuando los perros andan sueltos por los parques, aunque en compañía de sus amos, defecan más. Los investigadores han determinado que la densidad de las heces depositadas por perros que van atados es menor. Consecuentemente, los parques donde pueden ir sueltos tienen resueltos detractores, especialmente entre las madres de niños pequeños y entre los que se inquietan ante la suciedad y el hedor de esos caminos llenos de heces de perros. En San Francisco, la polémica dura desde hace años mientras que la portavoz del Departamento de Parques de Seattle afirma que los parques donde los perros pueden ir sueltos han sido una experiencia "de lo más afortunada".

Sería deseable una mayor colaboración entre los parques donde los perros pueden ir sueltos y las autoridades que cuidan de los parques, no sólo delimitando zonas y limpiándolas y controlándolas regularmente, sino también estimulando una mejor comprensión de la conducta de los animales. (En Gran Bretaña, el primer parque en el que hubo un *pipican* fue, precisamente, Barking –"ladrando"– en el este de Londres.) La ubicación del *pipican* debe estar cerca de la entrada principal del parque donde deben ir atados.

Basset hound

Tiempo y movimiento

Normalmente, los perros defecan al cabo de 20 minutos de haber comido y sus dueños pueden anticipar el momento. Los perros que tienen una dieta con un alto contenido en fibra defecan más que los que se alimentan de comida que se absorbe en mayor cantidad durante la digestión.

LARVA MIGRANS VISCERAL

Dichos parásitos son unas lombrices redondas (ascárides o nemátodos) que los perros y gatos depositan en sus heces en forma de huevos microscópicos; el más común es el *toxocara canis*. En las heces, los huevos no son infecciosos, pero pasan a serlo al cabo de semanas y meses de contacto con el suelo. Provocan una infección relativamente común, que afecta del 2 al 10% de los niños en Estados Unidos. Las larvas evolucionan por los tejidos, especialmente del cerebro y del corazón, y en escasas ocasiones llegan a afectar la retina y provocan la pérdida parcial o total de la vista en ese ojo. Afortunadamente, es muy raro que provoquen la muerte.

A menudo, los cachorros nacen ya infectados por sus madres, y eso puede provocarles un retraso del crecimiento. Para evitarlo, hay que administrar medicamentos antihelmínticos o vermífugos al animal bajo prescripción de un veterinario.

Es de una gran importancia que las heces de los perros no contaminen la arena de los sitios a los que tienen acceso los niños. No sólo en los parques públicos, también en los jardines. Para reducir riesgos mayores, hay que enseñarle al perro a utilizar una zona donde no vayan los niños.

Confinar a un perro a estar en casa si dispone también de un jardín es desaprovechar la distracción y el desahogo que eso supone. Por más que se les saque a pasear regularmente, los perros, y más si son grandes, acostumbran a ponerse "de los nervios" y a alborotar en la casa, por lo que les relaja poder salir al jardín y entretenerse con algún otro estímulo.

Golden retriever

Confinar a un perro a estar en casa si dispone de un jardín es desaprovechar la distracción y desahogo que eso supone. Por más que se les saque a pasear regularmente, los perros, y más si son grandes, acostumbran a ponerse "de los nervios" y a alborotar en la casa, por lo que les relaja poder salir al jardín y entretenerse con algún otro estímulo.

Si no estamos dispuestos a que la diversión de nuestro perro en el jardín sea a expensas de la nuestra, es importante instruirlo para que utilice sólo una parte concreta como letrina. Puede ser un rincón donde no hay que segar tan corto el césped, o un hoyo con arena; lo esencial es los niños no vayan, por lo que habrá que acotarlo. No dejen que las heces se acumulen ahí, retírelas convenientemente.

Uno de los problemas más habituales de los dueños cuyos perros tienen acceso al césped son los parches donde la hierba está mustia, o quemada por los ácidos de la orina, otro motivo por el que es necesario enseñarlos a utilizar la letrina. Se considera que la causa es el alto contenido en nitratos de la orina, que actúa como un fertilizante demasiado fuerte y se ha sugerido que incluso es peor en perros con una dieta muy elevada en proteínas y poco acceso al agua.

Allard descubrió, en un estudio, que eliminar la orina regando diariamente impide que el césped se queme pues, de otro modo, basta un día para que oscurezca. También determinó que hay diferencias entre los tipos de césped, la hierba de pasto y el centeno son más resistentes mientras que el tipo de pasto azulado de Kentucky es más vulnerable. De modo que, si se está haciendo el jardín con césped cultivado, tenga presente que una buena elección de la semilla hará que sea más tolerante a los perros.

En las zonas donde acceden los perros, los matojos y las áreas pavimentadas y ajardinadas proporcionan una estructura más robusta, mientras que los jardines vegetales, las flores delicadas y los bulbos tienen que protegerse con una valla, tanto para impedir que defeque y orine ahí como para evitar que desentierre las plantas y escarbe. Hay plantas tóxicas para los perros como el tejo, el lupino, la suffuticosa o el muguete, no lo olvide. No deje los cubos de la basura al alcance de los perros.

A PRUEBA DE PERROS

Es esencial que los jardines sean "a prueba de perros", convenientemente vallados y con puertas provistas de buenos cerrojos, para evitar que el perro acceda a la calle y se ponga en peligro a sí mismo y a los demás.

Los perros pueden abrirse paso entre los setos, hay que vallar de todos modos. También es aconsejable tener una caseta para el perro donde podamos confinarlo durante breves periodos, si es necesario.

Wire haired fox terrier

100

La relación cambiante

A lo largo de los últimos años, el estilo de vida de los seres humanos se ha tornado cada vez más errático y las cifras relativas a la propiedad de gatos han aumentado a expensas de la propiedad de perros, dado que la exigencia de tener que pasear y cuidar de un perro es cada vez más difícil de cumplir.

Labrador retriever amarillo

No obstante, se ha demostrado repetidamente que es bueno convivir con un animal. Es posible reducir el riesgo de sufrir una enfermedad cardiovascular, como la tensión arterial alta, teniendo un perro, pues reduce el estrés.

El ejercicio que ambos practican saliendo a dar un paseo es muy saludable, pero también lo es la relación que establezca con él. No obstante, si a usted y a su familia le inquietan los problemas generados por su perro, no será de gran ayuda para su tensión arterial. Habrá que cuidar y mejorar su relación con el animal. Además, un estudio realizado por Baum y sus colegas en 1984 demostró que darle palmaditas a un perro con el que mantiene un vínculo positivo reduce con mayor eficacia su presión sanguínea que palmear a uno con el que no tiene ninguna relación.

Dada la fragmentación de la vida doméstica son muchos, especial-

mente los niños y los ancianos que viven solos, los que necesitan la compañía de sus perros y de los paseos que comparten con ellos. En Gran Bretaña existe una organización sin ánimo de lucro llamada "PAT Dogs" que practican una terapia con mascotas y los mayores que viven en residencias donde no se permite tener perros. Se encargan de cuidar a los perros y de visitar a los ancianos que necesitan compañía canina. Eso motiva y anima a los ancianos. Otra gente ha buscado vías alternativas, como por ejemplo los que se dedican profesionalmente a pasear a los perros de los ancianos o los discapacitados.

PERROS GUÍA Y ASISTENTES

Los perros lazarillos de los invidentes les proporcionan cierto grado de independencia, y los asistentes para sordos o discapacitados les ayudan a tener una mayor calidad de vida.

El nivel de especialización del adiestramiento requerido por dichos perros excede lo que la mayoría de propietarios consideran necesario para su perro, pero demuestra lo que se puede conseguir. En Gran Bretaña, el programa de entrenamiento de la Asociación de Perros Lazarillos ha establecido desde hace tiempo, y con éxito, una serie de récords de instrucción. Organizaciones como Dogs for the Disabled (Perros para los discapacitados) y Canine Partners for Independence (Compañeros caninos para la independencia) se basan principalmente en los métodos de instrucción basados en la recompensa y en el refuerzo positivo, incluido el del control remoto (véase página 122), lo que permite que una persona discapacitada siga instruyendo a un perro según sus necesidades específicas: desde recogerle las llaves del suelo hasta llevarle las bolsas del supermercado.

Cocker spaniel y Labrador retriever amarill

Razas registradas en grupos

El Kennel Club de Gran Bretaña es el organismo nacional de registro de razas de perro más antiguo del mundo, y fue el que estableció los grupos. El American Kennel Club es el mayor organismo del mundo y registra unos 900.000 al año. Los Kennel Clubs nacionales también intervienen como jueces en las exhibiciones y competiciones caninas de sus respectivos países (véase páginas 32 y 135).

Clave:
AKC = American Kennel Club
KC = Kennel Club (Gran Bretaña)

SABUESOS

AKC & KC:

Galgo afgano, basenji, basset hound, beagle, sabueso, borzoi, dachshund, foxhound, lebrel, galgo ibicenco, perro lobo irlandés, elkhound noruego, otterhound, basset griffon vendeen pequeño, pharaon hound, ridgeback de Rodesia, saluki, whippet.

AKC sólo:

American foxhound, black and tan coonhound, harrier, deerhound escocés.

KC sólo:

Basset fauve de Bretaña, deerhound, elkhound, spitz finlandés, basset griffon vendeen grande, basset blue de Gascuña, hamiltonstovare, segugio italiano, sloughi.

PERROS DEPORTIVOS Y CAZADORES

AKC & KC:

Brittany, setter inglés, pointer alemán de pelo corto, pointer alemán de pelo áspero, gordon setter, vizsla húngaro o braco, setter irlandés, spinone italiano, pointer, weimaraner. Retrievers: chesapeake bay, curly-coated, flat-coated, golden labrador, Nova Scotia duck tolling. Spaniels: cocker americano, clumber, cocker inglés, springer inglés, field, de aguas irlandés, sussex, springer galés.

AKC sólo:

Spaniel americano de aguas, griffon de pelo duro.

KC sólo:

Bracco italiano, kooikerhondje, gran munsterlander, irish red and white setter.

TERRIERS

AKC & KC:

Airedale terrier, terrier australiano, bedlington terrier, border terrier, bull terrier, cairn terrier, dandy dinmont terrier, fox terrier (de pelo suave y de pelo duro), glen of Imaal terrier, terrier irlandés, kerry blue terrier, kerry terrier, lakeland terrier, Manchester Terrier, Norfolk terrier, terrier noruego, Parson Jack Russell terrier, terrier escocés, sealyham terrier, skye terrier, soft-coated wheaten terrier, staffordshire bull terrier, terrier galés, west Highland white terrier.

AKC sólo:

American staffordshire terrier, bull terrier miniatura, schnauzer miniatura.

KC sólo:

Cesky terrier

PERROS DE TRABAJO

AKC & KC:

Alaskan malamute, perro de las montañas de Berna, boxer, bull mastín, doberman pinscher, pinscher alemán, schnauzer gigante, gran danés, mastín, mastín napolitano, terranova, perro de aguas portugués, rottweiler, russian black terrier, san Bernardo, husky siberiano.

AKC sólo:

Akita, perro pastor de Anatolia, gran pirineo, gran perro de las montañas suizas, komondor, kuvasz, samoyedo, schnauzer estándar.

KC sólo:

Beaucaron, bouvier de Flandes, perro esquimal canadiense, dogo de Burdeos, perro de Groenlandia, hovawart, leonberger, mastín tibetano.

PERROS PASTORES Y DE GUARDA

AKC & KC:

Australian cattle dog, perro pastor australiano, bearded collie, belgian sheepdog (groendendael y tervueren), border collie, briard, collie (rough), perro pastor Old English, perro pastor polaco de las tierras bajas, perro pastor de Shetland, welsh corgi (cardigan y pembroke).

AKC sólo:

Bouvier de Flandes, Canaan, perro pastor alemán, puli.

KC sólo:

Perro pastor de Anatolia, belgian sheepdog (malinois y laekenois), bergamasco, collie (smooth), kuvasz húngaro, puli húngaro, komondor, Lancashire heeler, perro pastor de la Maremma, buhund noruego, perro de montaña de los Pirineos, perro pastor de los Pirineos, samoyedo, lapphund sueco, vallhund sueco.

PERROS NO-DEPORTIVOS NI UTILITARIOS

AKC & KC:

Boston Terrier, Bulldog, chow chow, dálmata, bulldog francés, keeshond, lhasa apso, caniche (estándar y miniatura), schipperke, shar pei, shiba inu, spaniel tibetano, terrier tibetano.

AKC sólo:

Perro esquimal americano, bichon frisé, spitz finlandés, lowchen.

KC sólo:

Akita, canaan, caniche (mascota), spitz alemán (klein y mittel), akita inu japonés, spitz japonés, schnauzer, schnauzer miniatura.

PERROS MASCOTA

AKC & KC:

Affenpinscher, australian silky terrier, cavalier king Charles spaniel, chihuahua (de pelo largo y de pelo suave), chinese crested, havanese, lebrel italiano, chin japonés, pinscher maltés miniatura, pequinés, pomeranian, yorkshire terrier.

AKC sólo:

English toy spaniel, Manchester terrier, shihtzu, toy fox terrier.

KC sólo:

Bichon frisé, bolognese, coton de Tulear, english toy terrier (black and tan), griffon bruselense, king Charles spaniel, lowchen, pinscher miniatura, papillon, pug.

Perro de los Pirineos x San Bernardo

ACERCA DEL AUTOR

Roger Tabor, CBiol., MIBiol., MPhil., FLS, MCFBA, es un conductista animal internacionalmente conocido, naturalista y biólogo. Es miembro de la Canine and Feline Behavioural Association, y consejero científico de Animal Balance, que controla las poblaciones caninas y gatunas de las Islas Galápagos mediante un proyecto de esterilización en el que se ha implicado toda la comunidad. Roger ha viajado por todo el mundo observando a los perros, los gatos y la fauna silvestre, y ha escrito y presentado varios programas sobre fauna y animales de compañía, sobre todo en la BBC, pero también en la PBS de Estados Unidos. Sus libros son de los más vendidos sobre el tema, ha obtenido varios premios y es presidente de la Asociación de Naturalistas Ingleses. Roger es un excelente fotógrafo y la mayoría de las fotografías que aparecen en sus libros son suyas.

BIBLIOGRAFÍA

Beaver, Bonnie, Canine Behaviour: *A Guide for Veterinarians*, Saunders, 1999

Coppinger, Raymond, y Coppinger, Lorna, *Dogs: A New Understanding of Canine Origin, Behaviour and Evolution*, Publicaciones de la Universidad de Chicago, 2001

Hart, Benjamin, y Hart, Lynette, *Canine and Feline Behavioural Therapy*, Lea & Febiger, 1985

Lindsay, Steven R., *Handbook of Applied Behaviour and Training, Vol. II*, 'Etiology and Assessment of Behaviour Problems', Blackwell Publishing, 2001

Morris, Desmond, *Dogs: A Dictionary of Dog Breeds*, Ebury Press, 2001

Parker, Heidi; Kim, Lisa; Sutter, Nathan; Carlson, Scott; Lorentzen, Travis; Malek, Tiffany; Johnson, Gary; De France, Hawkins; Ostrander, Elaine, y Kruglyak, Leonid, 'Genetic Structure of the Purebred Domestic Dog' in *Science*, Vol. 304, pág. 1160-1164, 21 de mayo de 2004

Scott, John Paul, & Fuller, John L., *Dog Behaviour: The Genetic Basis*, Publicaciones de la Universidad de Chicago, 1965

Serpell, James (comp.), *The Domestic Dog, its Evolution, Behaviour and Interactions with People*, Publicaciones de la Universidad de Cambridge, 1995

Trut, Lyudmila N., 'Early Canid Domestication: The Farm-Fox Experiment' in *American Scientist*, Vol. 87, n.º 2, págs. 160-169, marzo-abril 1999

Overall, Karen, *Clinical Behavioural Medicine for Small Animals*, Masby, 1977

Salman, Mo; Hutchison, Jennifer; Ruch-Gallic, Rebecca; Kagan, Lori; New, John; Kass, Philip, y Scarlett, Jane, 'Behavioural Reasons for Relinquishment of Dogs and Cats to 12 Shelters', in *Animal Welfare Science*, Vol. 3 (2), págs. 93-106, 2000W

Agradecimientos

A lo largo de los años, he gozado la amabilidad de muchas personas, cuya asistencia ha sido de gran utilidad para la producción de este libro. No aspiro a poder expresar mi agradecimiento a todos y cada uno de los que han contribuido al libro, y confío en que aquellos a los que no menciono por su nombre sabrán, no obstante, que cuentan con mi gratitud.

Vaya mi agradecimiento para la Central Essex Dog Training School, Colchester, Crufts, el Kennel Club, el American Kennel Club, los consejos y la asesoría de Debbie Rijnders y Tinley Advies and Producties, las doctoras Lyudmila N.Trut y Shepeleva Darya del Institute of Cytology and Genetics de la División de Siberia de la Russian Academy of Science, las doctoras Heidi Parker y Elaine Ostrander del Fred Hutchinson Cancer Research Centre, de la Universidad de Washington, Seattle, Heidi Hardman del Cell Press, la doctora Joanne van der Borg de la Universidad Wageningen en Holanda, Colin Tennant de la Canine and Feline Behaviour Association, la Humane Society of the United States, el Chitwan National Park del Nepal, Emma Clifford y Animal Balance de las Islas Galápagos, Christine Kirkman, Tim Collins, APBC, el US Pet Food Institute, los veterinarios y el personal del San Francisco SPCA, RSPCA Danaher Animal Home, Seavington Hunt, Great Bentley Dog Show, Dick Meadows y la BBC, Alfresco TV Cardiff, Tatton Park, Philip Wayre y el Norfolk Wildlife Centre and Park, Colchester Zoo, el Kruger National Park, el Longleat Safari Park; y vaya mi gratitud en particular para el cirujano veterinario Alan Hatch, MRCVS, por su amable colaboración.

También debo manifestar mi reconocimiento a todos los que aportaron a sus perros para la elaboración de las fotografías de este libro, especialmente a los que se prestaron a demostrar conductas en las que su perro, que normalmente se porta muy bien, ¡no incurriría jamás! Mi agradecimiento particular a Natalie Potts, John Beton, Harrison y Chelsea, Pam Lindrup, Sarah Verral, Michelle y Toby Gray, Pamela y John White y Tom Thomas; y también a J. Lightly, N. Staines, al señor Matthew, doctor en leyes y C. Ineson, M. Baldry, Jenni Hastings, Sarah Hurr, T Dunsdon, S. Tearle, Gill Bingham, Sheila Cox, Lynda Davies, Andrew Pratt, Lyn Wiggins, Katrina Spitz, Frances Stone, R. Vincent, J. Holmes, S.C. Spells, Lin Robins, la señora J. Robinson, S. Alexander, Frank Wood, la señora Hardy, Janet Woodhead, la señora D.Taylor, la señora B. Jones, Pete y Wendy Garrard, David Chandler, el señor y la señora Webb, S. Eburne, E.G. Elliott, Debbie Rjinders, B.J. Henderson, I.S. Hughes, R Batten Jones, Fred Mason, la señora Webster, Jean Denton, Emma Redrup, B. y S.E. Smith, el señor P Bush, Margaret Greening, Julie Olley, Rosemary Turrell, J. Stibbs, Marion Brierley, Paula Clarke y Dempsey, Lynn y Margaret Cuthbert, Tessa Proudfoot, Ann Mills, Sarah Verrall, David Ridgewell, Lesley Scott, Joyce Jackl, Lee Beecroft, Deborah Sage, Richard Verrier, Stuart-lee Hurr, Sarah King, Keith Jones, Diane Beaumont, M. Jones, Paula Hunter, S. Moreton, Angela Clark, Caroline Cox, Helen Green, Cara McGuffie y Charles Llewelyn, S. George, Ray Raymond, C. George, Nicola Beavers, Jenny Goff, Nigel Ball y Ciaran Carr, Catherine Carr, Robert y Lisa Murray, Scruffy Wuffy, salon de belleza canino, Maureen Grant, Sissi Meindersma, Josephine Hayes, Ian Harvey, Moira Sixsmith, Gina Stiff, Kay Lundstrum, Jean Howkins, Susan Osborne, Tony Cook y el Wildfowl Trust, S. Harris, Georgie McGuffie, Tina Brett, Ray Johnson, Sarah Rushton, W.A. Cook, Mrs Riley, Esther y Tony Hague, C. Preston, Steve y Julie Mercer y D. Lunt.

No quisiera olvidar a Angela Weatherley, ni a Jane Trollope, Ian Kearey, Jennifer Proverbs y el resto de miembros del equipo del David & Charles. Finalmente, mil gracias a Liz Artindale por su notable ayuda y apoyo.

ROGER TABOR, 2006

CRÉDITOS FOTOGRÁFICOS

Todas las fotografías de este libro nos fueron proporcionadas por Roger Tabor, excepto las siguientes:

Kim Sayer, fotografía de cubierta y de las páginas 3, 5 (superior, derecha); © Dick Meadows, página 6 (arriba); Getty Images/ America 24-7/Ken Weaver, página 63 (principal); Liz Artindale, páginas 74 (encabezamiento), 111 (encabezamiento, arriba); ©Alan Hatch, cirujano veterinario, página 126 (principal)

El editor ha procurado ponerse en contacto con todos los colaboradores fotográficos para obtener los permisos de reproducción.